跨江海桥梁水下基础检测技术

张学峰　宋春霞　尼颖升　著

人民交通出版社股份有限公司
北　京

内 容 提 要

本书对跨江海桥梁水下基础检测技术现状、存在问题及发展趋势进行了详细阐述,对各类水下建筑物检测诊断技术在桥梁水下基础应用的适应性进行了比选分析;给出了桥梁水下基础病害的类型、病害发生范围等,并提出跨江海桥梁水下基础检测内容及要求。本书还详细介绍了模态法、三维声呐成像技术以及自主研发的水下智能检测机器人测试系统等新技术的在桥梁水下基础损伤检测和识别新技术中的应用情况,以供同行参考。

图书在版编目(CIP)数据

跨江海桥梁水下基础检测技术 / 张学锋, 宋春霞, 尼颖升著. — 北京 : 人民交通出版社股份有限公司, 2021.3

ISBN 978-7-114-17102-4

Ⅰ. ①跨… Ⅱ. ①张… ②宋… ③尼… Ⅲ. ①跨海峡桥—水下建筑物—检测 Ⅳ. ①U448.19

中国版本图书馆 CIP 数据核字(2021)第 029583 号

Kuajianghai Qiaoliang Shuixia Jichu Jiance Jishu

书　　名: 跨江海桥梁水下基础检测技术
著 作 者: 张学峰　宋春霞　尼颖升
责任编辑: 朱伟康　李学会
责任校对: 孙国靖　卢　弦
责任印制: 张　凯
出版发行: 人民交通出版社股份有限公司
地　　址: (100011)北京市朝阳区安定门外外馆斜街 3 号
网　　址: http://www.ccpcl.com.cn
销售电话: (010)59757973
总 经 销: 人民交通出版社股份有限公司发行部
经　　销: 各地新华书店
印　　刷: 北京市密东印刷有限公司
开　　本: 787×1092　1/16
印　　张: 7.25
字　　数: 164 千
版　　次: 2021 年 5 月　第 1 版
印　　次: 2021 年 5 月　第 1 次印刷
书　　号: ISBN 978-7-114-17102-4
定　　价: 60.00 元

前　言

近年来，我国较多桥梁水下基础出现了冲刷、钢筋锈蚀、裂缝、混凝土剥落、蜂窝麻面等病害，严重影响桥梁的正常使用。特别是在深水急流、软弱土质等恶劣环境下修建的桥梁基础，其安全性令人担忧。桥梁水下基础由于受到冲刷、侵蚀等作用，常会出现危及桥梁使用安全的病害。采用无损检测技术，探明桥梁水下基础的病害类型、位置、大小及严重程度，是进行桥梁养护、保证安全运营的基础。

目前，我们尚缺乏系统、成熟的桥梁水下基础检测与诊断技术，检测仍停留于以人工水下探摸为主的阶段，通常的做法是派检测人员潜入水中进行简单的探摸与录像。这种检查方式只能在浅水区域进行，在深水区域这样的检查不仅费用高，而且对检测人员的危害性也很大，检测时段、检测范围所受的制约因素众多，不能做到及时、全面、准确地对水下基础进行检测。作者将近年来相关工程检测及科研成果整理成书，供工程养护人员参考借鉴。

本书共 7 章，第 1 章介绍了跨江海桥梁水下基础检测技术现状、存在的问题及发展趋势；第 2 章介绍了水下建筑物检测诊断技术与适应性比选分析；第 3 章在对水下基础病害资料广泛收集整理的基础之上，对桥梁水下基础病害的类型、病害发生范围等方面的特点进行了分析；第 4 章基于现有成熟的检测技术和手段提出跨江海桥梁水下基础检测内容及要求；第 5 章提出了基于模态法的水下基础损伤识别新技术，给出基于模态法的基础损伤识别测试仪器设备、测点优选原则，现场测试要求，数据处理和识别方法等；第 6 章提出了适应于浑浊水域的基于三维声呐成像技术的水下基础表观检测新技术，并与传统摄影摄像技术进行对比试验，验证了该技术的可行性；第 7 章介绍了交通运输部公路科学研究院研发的水下智能检测机器人测试系统，并给出工程现场测试结果。

本书提出的跨江海桥梁水下基础检测相关技术还需根据现场测试进行检验和优化，疏漏和不妥之处，敬请读者批评指正。

著　者

2020 年 1 月

目　录

第1章 概　　述

1.1 背　　景

我国公路桥梁已经进入大规模运营维护阶段。根据交通运输部的数据，截至2018年12月，我国已建公路桥梁总数已达85.15万座，其中很大一部分属于跨江河桥梁。由于跨江海桥梁对保障我国社会经济秩序至关重要，因此，保障跨河桥梁的安全是桥梁养护工作中的一大重点任务。受自然因素如地基地质条件变化、腐蚀、冲刷、混凝土老化等，非自然因素如意外损伤、车辆超载等的影响，桥梁水下基础在其生命周期内必然发生结构状态的退化，产生各类病害。同时，设计时由于地质勘探的误差或勘探孔较少，没有反映基础处的真实地质情况，基础承载力计算时出现一定误差，均导致在运营阶段基础承载力不够引发基础不均匀沉降、开裂等病害；河床过度冲刷也会导致基础承载力下降、不均匀沉降等病害；车辆超载不仅会引发上部结构的损伤，还会导致基础的破坏、损伤。而且，一旦基础发生病害，将对桥梁上部结构的正常使用及承载能力造成影响。目前，上部结构的损伤检测及分析评价受到较多的关注，技术相对完善，但对于下部结构及基础的病害检测及分析评价的研究相对缺乏。

20世纪八九十年代修建的桥梁已开始进入衰退期，水中桩基病害逐渐显露，水中桥梁桩基病害因其较隐蔽、危害性强、劣化速度快成为桥梁工程界关注的焦点，桥梁管理养护单位对水中桩基的健康状况日益重视。作者对国内56座水中桥梁桩基病害进行调研、分析，发现水中桩基在使用阶段出现了钢筋锈蚀、混凝土剥落、河床冲刷等病害，这些病害严重影响了基础的使用寿命和安全性。桩基础为我国桥梁基础的主要形式，暴露于水中的桩身因混凝土易受侵蚀，相同条件下劣化速度远高于其他构件，造成极大的安全隐患。

进入21世纪以来，随着我国气候、环境等条件的变化，我国公路桥梁水毁的情况日渐增多。根据最新的统计数据，我国公路桥梁因水害全部损毁的桥梁达1213座，部分损毁的桥梁达3080座。从水毁桥梁的分布来看，我国西南、华南、华东等降水量大，洪灾较多的区域每年均有较多桥梁水毁的情况，北方地区桥梁水毁的事例也不少。发生水毁的桥梁以中小跨径梁式桥和拱桥居多。水毁的桥梁不仅位于普通公路，也位于高速公路。同时由于结构自身损伤及船舶撞击造成的桥梁垮塌事件也为我们敲响了警钟，2006年杭州湾大桥发生船撞事故，2008年浙江宁波金塘大桥发生船撞事故，2010年7月，河南省的栾川大桥发生倒塌事故，2011年7月，江苏盐城通榆河桥发生坍塌事故，武汉黄陂一高架桥引桥发生严重开裂并向两边倾斜，福建武夷山公馆大桥发生倒塌事故等，造成了很坏的社会影响。

1.2 桥梁水下基础检测技术现状

经过归纳和整理，桥梁水下基础检测技术现状，如下所述。

（1）水下建筑物检测设备

桥梁水下基础检测时，对水浅区域，通常在低水位期对基础外露部分采用常规方式进行检测；对水深区域，主要派遣专业潜水员携带必要的设备（水中照相机、水深探测设备、通信工具等）进行桥梁水下基础检测。国内大坝水下基础、海洋平台等水下建筑物大多采用遥控潜水器（亦称水下机器人），通过水下电视、机械手等专用设备进行水下观察、作业。目前，国内外均已开展了遥控潜水器的研究和开发工作，但其研制重点是针对大坝和海洋平台等水下建筑物检测工作的需要。

（2）桥梁水下基础检测技术

①桥梁水下基础结构检测技术。

桥梁水下基础结构检测目前多采用无损检测技术，主要有水下目视检测、水下射线检测、水下电位检测、水下磁粉检测、水下超声检测等。

水下目视检测是一种常用的检测方法，采用目测、摄影、录像等手段来检测水下建筑物表面较明显的缺陷、损伤、腐蚀等情况。对水下混凝土表观损伤可采用目测和摄影、摄像法进行检测。对于钢筋锈蚀，可用专门防水设备采用极化电阻法、自然电位法进行检测，检测技术及设备已相对成熟。目测检查是水下观测的一种重要方法，它直观简便，可以做出永久性记录。内河和近海浅水中的目测检测，可采用潜水员摸测目测、静水摄像、遥控电视和动态摄像等；海洋深水水域的深水检查则由深潜观测艇和遥控电视等完成。

交通运输部公路科学研究所首次开展基于双目立体视觉测量原理的桥梁水下基础表观缺陷几何特征定量化检测识别技术研究，并开发了相应的程序，编写了《桥梁水下基础病害检测技术指南》，对进一步提高国内桥梁水中基础检测技术水平起到积极促进作用。通过水下电视系统，可以观察水下结构物的运行情况以及损坏情况，诸如海生物生长、海底管道海床的冲刷、水下结构物的腐蚀等。陆地技术人员和检测船上的技术人员可以通过水下闭路电视系统监视、监督与指导潜水员或遥控潜水器（ROV）在水下所进行的作业。当目视检查时发现较严重的缺陷，如凹陷、阳极块脱落、腐蚀坑、过度冲刷、防腐层脱落、裂纹（以混凝土设施居多）以及海生物异常情况等，可采用水下摄像获得永久性记录。潜水员使用的摄像器材很多，如 Osprey Electronic 公司生产的 CYCI-OPSOE1211 水下闭路电视摄像系统。目前，我国也能生产多种水下摄像头，如武汉通天电子有限责任公司生产的水下摄像头，不仅能在深水区进行摄像，还能同步在图像中显示摄像头深度、坐标等信息。激光技术为水下结构物探测探寻了新的方式。因激光具有光谱特性、时间和空间特性，能够降低海水的吸附效应。目前水下光电测试已经在英国、美国、加拿大、日本、俄罗斯等国开展了相应的应用研究。水下光电测试技术可用于海底工程安装、水下环境监测、救助打捞、地形勘探等海洋领域的开发及维护。

水下射线检测可用于水下钢管桩等基础的检测，由于存在对人员的安全防护等一系列问题，这一方法现在使用很少。水下电位检测技术也可用于水下钢管桩等基础的检测。水下磁粉检测和水下超声检测是目前使用较多的两种水下检测手段，主要用于检测比较细微、隐蔽的损伤、裂纹、腐蚀缺陷等，但水下磁粉检测主要用于结构表面或近表面的裂纹检测，不能用于内部损伤检测；水下超声检测技术是一种最常用的检测技术，可以用于探测物体的厚度、物体内部缺陷及其大小，水下超声检测方法还可以测量混凝土强度。美国马里兰州公路局和马里兰大学联合开发的水下超声波检测设备已用于桥梁水下基础检测。

②桥梁水下基础冲刷探测。

桥梁水下基础冲刷探测主要有直接探测、超声探测及地震映像探测等方法。

浅水区域的基础冲刷可以用杆件、吊锤等简单的设备进行直接探测。深水区域应用较多的是超声探测方法，该方法通过测定波在水中的传播时间，计算从水面到河床的距离，从而判断基础的冲刷状况，但该方法受水质浑浊情况的影响较大。目前，地质勘探领域应用较多的水域地震映像勘测方法也可用于河床断面及基础冲刷探测，其优点是不受水质浑浊的影响，但未能解决基础结构界面反射对其探测结果的干扰。

(3)桥梁水下基础检测结果的识别与评估

目前，尚未见到专门针对桥梁水下基础检测结果的识别与评估的相关规程或规范。美国联邦公路管理局、日本道路公团、我国交通运输部门仅在桥梁检测评估体系中包含了桥梁基础方面的内容。

美国联邦公路管理局目前使用的桥梁构件评估体系规定，基于检测结果的桥梁构件评估时将桥梁分为桥面板、上部结构、下部结构、河道及河道保护与涵管5类组成部分，根据检测结果将每类组成部分中的构件分为“好”“普通”“差”3级，然后综合考察构件状况进行桥梁各组成部分的评估。

日本道路公团目前使用的桥梁构件评估体系与我国台湾地区交通部门制定的评估体系类似，这两个体系均首先将桥梁构件归纳为8项“检查结构分类”，并将“检查结构分类”细分为“检查对象”，然后依据检查种类的要求对各个“检查对象”进行检查和评估。在这两个体系中，桥梁基础与冲刷等检查对象归属于“检查结构分类”中的“基础及土壤”这一大类。

国内，桥梁的检查评定主要是依据《公路桥涵养护规范》(JTG H11—2004)及《公路桥梁承载能力检测评定规程》(JTG/T J21—2011)进行，但包含的有关基础评定的内容较少。《公路桥涵养护规范》(JTG H11—2004)将桥梁划分为“墩台与基础”“砖、石、混凝土上部结构”等9大组成部分，根据检测结果将每类组成部分的技术状况评定为“完好、良好状态”“较好状态”“较差状态”“差的状态”“危险状态”5个类别，并在此基础上进行桥梁技术状况的总体评定。《公路桥梁承载能力检测评定规程》(JTG/T J21—2011)中提出了桥梁下部结构表观缺损状况评定标准，根据检测结果将下部结构构件分为“良好状态”“较好状态”“较差状态”“差的状态”“危险状态”5类技术状况。由交通运输部公路科学研究院北京新桥技术发展有限公司主编的《公路桥梁水下构件检测技术规程》(T/CECS G:J56—2019)已于2019年颁布实施。

我国台湾地区交通部门根据构件劣化程度(D)、劣化范围(E)及劣化对该构件的影响程度或对整体结构的安全及服务性的影响程度(R)三方面对桥梁构件予以评估，即D.E.R评估方法，桥梁基础的评估包含在其中。

1.3 存在的问题及发展趋势

综上所述,公路桥梁水下基础检测,存在的问题及发展趋势如下。

1.3.1 存在的问题

桥梁水下基础检测工作虽然日益受到重视,但仍存在许多问题。

(1)对桥梁水下基础病害的了解还不够全面。目前我国尚未进行全面、系统的桥梁水下基础病害调查,对于不同河流流域的水下基础病害发生特点以及病害产生的原因了解不多。

(2)桥梁水下基础检测工作的信息化、智能化程度不高。大多数作业还停留在以人工水下探摸为主的阶段,不仅误差大、效率低、安全性差,且检测时段、范围所受的制约因素较多,不能做到及时、全面、准确地对水下基础进行检测。

(3)桥梁水下基础的检测设备与方法针对性不强。目前桥梁水下基础检测开始借鉴大坝水下基础、海洋平台等水下建筑物检测的设备与方法,而这些设备的研发多针对海洋平台等金属构件,桥梁水下基础的检测并不是这些设备的工作重点,并且通常没有根据我国桥梁水下基础的病害特点进行适应性验证和分析,容易造成检测结果不能满足桥梁养护等工作的要求。

(4)桥梁水下基础病害检测诊断技术不够完善。目前我国还没有形成完整的桥梁水下基础病害检测诊断技术。

(5)桥梁水下基础病害评估技术不完善。我国还没有形成完善的桥梁水下基础病害评估技术。

1.3.2 发展趋势

国内外对桥梁水下基础的检测日益重视,桥梁水下基础检测方法与相关研究的发展趋势呈现以下特点。

(1)水下检测工作的无人化。桥梁水下基础检测的目标是安全、经济、最优,这就要求实现水下检测工作的无人化。目前,国内外均在努力实现由遥控潜水器完全取代潜水员进行水下检测工作,遥控潜水器已经能完成部分潜水员的工作,如清除水下建筑物表面的附着物和部分结构的检测项目等。

(2)检测方法的专用化。桥梁水下基础检测方法可以借鉴大坝水下基础、海洋平台等其他水下建筑物的检测经验,但这些方法不能完全满足桥梁水下基础检测工作的需要,因此有必要开展专门针对桥梁水下基础检测技术和设备的研发。美国联邦公路管理局自20世纪90年代初就开展了公路桥梁无损检测技术研究与应用的工作,针对桥梁下部结构,进行了多项检测与识别的研究工作。

(3)检测工作的信息化、智能化。随着桥梁水下基础检测设备与检测方法的进步,桥梁水下基础检测将实现检测数据的采集、传输、处理的信息化与智能化,实现检测作业控制、检测数据采集与分析、检测结果的整理与识别的同步,不断提高检测效率。

(4)检测结果的准确化。桥梁水下基础检测设备与检测方法的进步有助于获得数量更多、准确度更高的检测数据,能更全面反映桥梁水下基础的工作状态和病害特征。

(5)检测结果的识别与评估方法的程序化和标准化。随着桥梁水下基础检测工作的不断开展,需要对桥梁水下基础检测结果进行准确的识别,并对桥梁水下基础的工作状况进行正确的评估,这就需要实现检测结果的识别与评估方法的程序化和标准化。

第 2 章　水下建筑物检测诊断技术与适应性比选分析

近年来国内外有关水下建筑物检测技术尤其是海洋工程结构物无损检测技术取得了长足进步和发展,出现了许多检测诊断技术和设备。本书对水下建筑物表观检测诊断技术(水下目力诊断技术、水下照明技术、水下摄影、摄像检测技术、水下光电探测技术、ACFM(交流电磁场检测技术)水下裂纹检测技术、水下声呐测试技术、水下特殊测试技术(水下钢结构磁检测技术、水下钢结构超声波检测技术、水下钢结构电位测量技术、表面波工程无损检测技术、水质分析)、水下清理技术、水下建筑物基础冲刷测试技术、水下检测平台技术进行了全面调研。通过对水下建筑物检测诊断技术调研分析比较各项水下检测技术的特点、功能,进行水下建筑物检测诊断技术适应性比选分析。

2.1　国内外水下检测技术

2.1.1　水下结构检测平台发展概况

水下结构检测传统上采用蛙人进行水下观察和探摸,或由蛙人、遥控潜水器(水下机器人)携带水下摄像机、通信工具等设备进行检测。国内大坝水下基础、海洋平台等深水建筑物大多采用遥控潜水器,通过水下电视、机械手等专用设备进行水下观察、作业。目前国内外均已开展了遥控潜水器的研究和开发工作,但其研制的主要目的是满足大坝和海洋平台等水下建筑物检测工作的需要。

甘肃长城水下高技术有限公司研制成功了“TB-1 型堤坝安全检测水下机器人”。该机器人的特点是:可根据不同探测目的,进行探测传感器的多种不同组合,从而使其具有多种检测功能;开发出多传感器、多参数数据(如机器人运动姿态、水下定位参数及各探测仪器的数据等)同步采集和存储、信号分析处理软件;系统具备完备的各类导航传感器和四维推进控制器,从而使它可在水中按可编程的采集网格对坝体进行垂直和水平扫描检测;可全天候工作,工作水深达 300m。

哈尔滨工程大学研制了“堤坝安全检测水下机器人”。这种机器人以小型水下遥控机器人为载体,装备多种小型探测仪器设备,可以达到普通仪器无法达到的深度。可用于对堤坝破损和隐患的检测、定位,以及修复质量的检测和监督,为病险大坝的修复提供更加可靠的依据。还可用于水下沉物探测与打捞、海底工程、海洋石油开采和水下救援。

VideoRay LLC 公司的小型水下遥控机器人系统集功能强大、作业水深大、时间长、安全度高、经济性强等优势于一身，可实时进行水下视频检测和观测，在国内外已广泛用于水利水电行业的船闸、泵站、坝体、排沙口、拦污栅、病险水库等的水下检查；在防洪中的工程抢险、闸门检查、堤防基础冲蚀和漏洞检查、日常安全检查及水下工程质量监控验收、协助水下结构的安装和日常检查检修等方面也广泛应用。

在桥梁水下基础冲刷探测方面，水利部完成了“X-STAR”全谱扫频式数字水下剖面仪设备的引进、消化和吸收，设计并制造了“X-STAR”水下剖面仪专用载体，可以进行移动式河床断面扫描。但是该系统测量记录数据采用磁带机，故障率较高，数据传输不便。

2.1.2　水下结构物表观缺陷检测技术发展概况

混凝土结构的缺陷大多始发于或显露于结构表面，目前用于混凝土结构表观缺陷的检测方法主要有水下目视检测技术（UWVT）和水下检测成像技术。

（1）水下目视检测技术

就水下目视检测技术而言，国内外均研发了适合于河流和海洋环境的水下摄像器材。目前高端的水下摄像头除了可以进行水下摄像，还装备了水深传感器、定位罗盘等装置，可以在显示屏幕上同步显示观测画面和观测点的水深、坐标、方位等观测点空间信息。

（2）水下检测成像技术

在浑浊水质环境条件下，由潜水员完成的传统的水下目视检测（如目力、水下录像、水下电视等）一般难以实施。水下检测成像技术作为一种重要的水下无损检测和识别手段，越来越受到重视，各国都开展浑浊水下检测成像技术的研究。水下检测成像技术主要有水下声成像技术、水下激光成像技术和微光成像技术等。

①水下声成像技术

水下声成像同其他的声成像一样，也是通过物体对声波的后向散射作用来成像的，与计算机辅助的X光层析技术（CT）类似，好比用声手术刀剖析海洋，可用于测绘声速场和流场、探测海底地形和海洋表面粗糙度。常用的水下声成像技术有声透镜技术、波束形成技术以及声全息技术，其中波束形成技术被广泛应用在成像声呐中。这三种声成像方法都使用相同的操作：空间处理（从声场中得到图像）、换能（将声能转换成电能）、检波（将高频信号转换成可观测且接近直流的图像信号）、显示（以某种形式显示为图像）。

②水下激光成像技术

水下激光成像技术是20世纪80年代末出现的成像技术。由于水介质的吸收和散射，电磁波在水中的传播距离受到严重限制。而蓝绿激光具有高强度、高准直性和单色性好等特性，在水中传播时具有透明窗口效应，成像系统选用激光作为光源可获得最佳的成像效果。近年来，国际水下激光成像研究取得重大进展，开始投入应用。

常规水下激光成像技术包括激光扫描水下成像和距离选通激光水下成像。其中激光扫描水下成像是利用水的后向散射光强相对中心轴迅速减小的原理。在这种系统中，探测器与激光束分开放置，激光发射器使用的是窄光束的连续激光器，同时使用窄视场角的接收器，两个视场间只有很小的重叠部分，从而减小探测器所接收到的散射光。利用同步扫描技术，逐个像素点探测来重建图像。因此这种技术主要依靠高灵敏度探测器在窄小的视场内跟踪和接收目标信息,从而大大减小了后向散射光对成像的影响,进而提高了系统信噪比和作用距离。

距离选通激光水下成像系统采用一个脉冲激光器,具有选通功能的像增强型 CCD(电荷耦合器件)成像期间,通过对接收器口径进行选通来减小从目标返回到探测器的激光后向散射。在该系统中,非常短的激光脉冲照射物体,照相机快门打开的时间相对于照射物体的激光发射时间有一定的延迟,并且快门打开的时间很短,在这段时间内,探测器接收从物体返回的光束,从而排除了大部分的后向散射光。由于从物体返回来的第一个光子经受的散射最小,因此选通接收最先返回的光子束可以获得最好的成像效果。如果要获得物体的三维信息,可以通过使用多个探测器设置不同的延迟时间来获得物体在不同层次的信息。

③微光成像技术

微光成像是指自然环境照度小于 0.1lx 时的光学成像。在浑浊水条件下,水的能见度极低,透明度只有空气的千分之一,光波在水中传输时产生强烈的吸收与散射效应,使得图像信号衰减很快,因此浑浊水成像属于典型的微光成像范畴。目前主要的微光成像系统有微光 SiT(硅增强靶型)摄像机、微光 CCD 摄像机、微光 ICCD(增强 CCD)摄像机和微光 BCCD(电子轰击 CCD)摄像机等。英国、美国、日本、俄罗斯等都在积极开展水下微光成像的研究。

英国科学家采用像增强器制成海豚 25SIT 型水下电视摄像机,即使在 800m 水深处,只要物体表面有 10 ~ 21lx 的照度,便可摄取清晰的电视图像。英国 Osprey 公司推出的高灵敏度、高质量水下微光摄像机成为当今世界这一领域的先驱,英国 Kongsberg Simrad 公司开发的水下电视摄像系统 OE1325 也采用了微光成像技术。

国内多所高校和科研院所都在开展水下光学检测成像技术及系统的研究。中国科学院西安光学精密机械研究所研制了 SS21000 型水下图像系统,能在水下 1000m 深度内摄像。华中光电技术所研制出一种电光效率高、输出功率大、成本低的小型蓝绿激光器。华中理工大学研究了消除激光水下目标探测中后向散射的方法问题。中科院安徽光机所进行了水下物体激光圆偏振成像实验。东南大学对同步扫描水下激光成像系统主要光学参数进行了理论分析。华中科技大学开展了连续线偏振激光在水下探测中的应用研究。上海交通大学、中国海洋大学、北京理工大学、南京理工大学等国内高校也对水下 CCD 检测技术进行了研究。

2.2 水下钢结构检测技术

2.2.1 水下钢结构磁检测技术

针对水下结构物检测的特点,将磁检测技术与信息技术相融合,检测精度与检测效率得到了较大的提高,检测功能得到了增强。水下钢结构缺陷的磁检测新技术有磁粉检测技术、涡流检测技术、漏磁场检测技术、磁记忆检测技术、Magfoils 磁膜检测技术。

(1)磁粉检测技术

在进行磁粉检测(Magnetic Particale Inspection,简称 MPI)时,探头置于被检测部位两侧,通以强电流,探头间产生垂直于电流方向的磁通。磁力线遇到裂纹时发生偏转,从裂纹中渗出,产生磁极,磁粉将沿着磁极附着工件表面,从而检出裂纹缺陷。水下磁粉检测是通过磁粉的集聚来显示漏磁的。海上的钢结构材料，是铁磁性材料。它最重要的特征就是带有磁导率，磁导率表示磁性材料在外磁场作用下被磁化的难易程度。钢结构材料在外加磁场的作用下，在材料内部就会产生由N极到S极的磁力线。当材料内部有缺陷时，磁力线通过缺陷就会形成漏磁场。在被检区域洒上磁悬液，磁悬液中的磁粉就会在磁场中被磁化，在磁粉内部也会产生N极和S极并沿着钢结构材料的磁力线排列起来。当磁粉的两极与漏磁场的两极相互作用时，漏磁场对磁粉的吸引就是磁极的作用。磁粉会被吸引并迅速移到缺陷上去形成堆积。在水下使用荧光磁粉，配合黑光灯发出的紫外线能清晰地看到缺陷处的磁粉堆积。

(2)涡流检测技术

涡流检测(Eddy Current Inspection，简称ECI)技术已广泛用于航空和产品处理领域的裂纹检测和管道检测。水下结构应用涡流技术的主要原因是它可穿过覆盖物工作，且表面无须特殊处理。被测工件的变化，如裂纹缺陷、材料不均匀，可导致激励场的变化，而这种变化可被连接在第一个线圈上的恰当的仪器或特殊的传感线圈探测出来。

(3)漏磁场检测技术

漏磁检测(Magnetic Flux Leakage，简称MFL)技术的基本原理为：当外加强磁场施加于铁磁性工件时，高密度的磁力线沿磁化方向穿过工件内部。一旦工件材料出现不连续性，即表层或内部有空隙等缺陷时，部分磁力线就会向外渗出，对材料表面缺陷附近的空气中低密度磁力线形成局部干扰。可通过测量工件表面的漏磁场来确定工件的缺陷信息。目前，漏磁检测技术的研究主要集中在漏磁检测理论、高性能探头设计、缺陷识别与成像技术以及检测装置自动化等方面。

(4)磁记忆检测技术

铁磁性金属构件由于受载荷和地磁场共同作用，在应力和变形集中区域会发生具有磁致伸缩性质的磁畴组织定向和不可逆的重新取向。这种磁状态的不可逆变化在工作荷载消除后不仅会保留，还与最大作用应力有关。金属构件表面的这种磁状态“记忆”着微观缺陷或应力集中的位置。检测垂直于金属构件表面的磁场强度分量沿某一方向的分布，可对构件的应力集中程度以及是否存在微观缺陷进行评价。

(5)Magfoils磁膜检测技术

德国Magfoil and Inspektion-stechniken GmbH公司研制了Magfoil磁膜检测技术。利用磁膜探伤，可得到磁粉的影像载体，使得待记录的裂纹显示以及场强和磁场方向有永久的记录，无须使用水下摄影即可在水下或水面上对不连续区域进行质量分析。利用磁膜探伤时，将其放在待测部位，挤压其中枕头状的液袋，将内割层挤破，使磁粉与溶剂混合在一起。处于不连续部分的磁膜，会产生空白区，这是磁粉运动的结果。

2.2.2　水下钢结构超声检测技术

水下超声波检测与陆上常规超声波检测方法的基本原理是相同的，以脉冲反射法和共振法为主。脉冲反射法可用于水下探伤，也可用于测量厚度，数字显示共振法主要用于水下测量厚度。用该法进行检测时，必须从超声回波显示角度建立潜水员与陆上技术人员之间的联系，以帮助水下超声波检测人员进行正确的判断。为此，水下超声波检测通常采用水陆同步超声波检测系统。目前,国内外均重视对水下钢结构的超声检测方法、设备的研制,水下钢结构的超声检测方法、设备也日臻成熟。我国哈尔滨工业大学、中国海洋石油总公司等科研院校、海洋工程单位已经能够自主研发和生产水下钢结构的超声检测设备。

2.3 水下混凝土结构物波动检测技术发展概况

结构物受到外界激振后,结构物将传递激振引起的波动信号。而结构物如果存在开裂、缺损等现象,将导致经结构物传递后的波动信号出现异常。利用这一特性,可以利用波动法进行水中结构物检测。我国水利部门已经成功研制 RL-2000 系列表面波工程无损检测仪。该设备能利用瑞利波(Rayhegh Wave)、拉姆波(Lamb Wave)进行检测。该仪器的特点如下:

(1)检测深度范围 0.1 ~ 1.5m,可根据需要任意控制。

(2)仪器可在结构物任何一个临空面(平面、立面、顶面及顶拱面)上进行检测,与现在应用的跨孔法及钻孔取芯法相比,有无可比拟的优越性。

(3)检测时不受结构物中有水、有钢筋的影响。

(4)发射的表面波波形可被任意控制。

(5)能发射 3 种调制波,可根据需要选取,其优点是可发射任意确定主频而具有不同频谱的波形,以提高对结构物内部病害诊断的准确性。

大坝的特征是体积大,表面形状较为规则。因此,针对大坝的波动检测技术采用表面波技术是合适的。此外,大坝上部是不淹没于水中的,便于激振设备等的安装和作业,也便于人员靠近。而对于桥梁基础,其体积相对大坝要小很多,而且经常部分或全部浸泡于水中。如果采用表面波法等进行检测,存在激振设备安装和作业等的诸多不便。

2.4 水下建筑物检测诊断技术适应性比选分析

目前水下基础检测尚处于探索及逐步深入的阶段,水下基础需要借鉴和引进现有的多种外观和内部损伤检测技术,但由于水域环境的制约,不同技术、设备的适用性尚不明确。本节就各技术的适用性进行了比选,以供行业参考。

2.4.1 水下建筑物表观检测诊断技术适应性比选分析

根据水下建筑物表观检测诊断技术调研分析对各项检测技术进行适应性分析,见表 2-1;根据各项检测技术的特点和适应性分析,对各项测试项目进行比选分析,见表 2-2。

水下建筑物表观检测诊断技术适应性分析 表 2-1

测试技术	技术特点	适应性分析
水下目力检查	优点:具有立体观察能力;能分辨色彩;与大脑的逻辑思维相联系。 缺点:须亲临现场,大深度潜水作业,风险大、成本高;不能产生永久记录;对低照明条件适应缓慢	适应于水深小于 50m 的水下建筑物检测
水下照明技术	提供水下检测所需光源、照明	适应于所有水下检测

续上表

测试技术	技术特点	适应性分析
水下摄影、摄像技术	优点:清晰度高;成本较低;图像可以放大,细部更为清晰;设备的控制可以简化或预先调整。 缺点:为获得最佳效果,需采用人工照明	适应于所有水下建筑物检测

水下建筑表观检测诊断技术比选 表2-2

表观检测项目	比选分析
水下建筑物定位和探测	建议选用水下声呐探测技术
建筑物表观检测	建议水下照明技术+水下摄影、摄像技术
钢结构及焊缝裂纹检测	ACFM(Alternating Current Field Measurement)水下裂纹检测技术

2.4.2 水下钢结构测试技术适应性比选分析

根据水下钢结构测试诊断技术调研分析方法对各项检测技术进行适应性分析,见表2-3。

水下钢结构测试诊断技术适应性分析 表2-3

测试技术	技术特点	适应性分析
水下磁检测技术	优点:检测精度与检测效率高、检测功能多。 缺点:只能检测金属构件	适应于水下金属构件损伤检测
水下超声技术	优点:检测范围广,技术成熟。 缺点:需潜水员潜水测试,检测方法复杂,使得该技术的研究和应用存在许多特殊的困难,对检测人员、设备及工艺要求高	适应于所有水下建筑物损伤检测
水下电位测量技术	优点:技术成熟,操作方便,可在陆上接显示屏同步显示测量读数。 缺点:需潜水员潜水测试	适应于所有水下建筑腐蚀检测
ACFM水下裂纹检测技术	优点:对工件表面的处理要求低、对水下探头的操作人员的专业技能要求少。 缺点:只能检测金属构件	适用于钢结构构件及焊缝检测

2.4.3 水下混凝土结构测试技术适应性比选分析

根据水下混凝土结构测试诊断技术调研分析,对各项检测技术进行适应性分析,见表2-4。

水下混凝土结构测试诊断技术适应性分析 表2-4

测试技术	技术特点	适应性分析
水中基础波动检测技术	(1)旁孔测试法和低应变反射波法。 优点:方法简便,易于掌握。 缺点:需要研发便携、经济的设备。 (2)表面波法。 优点:适用于大体积结构;检测应用范围广,功能强大,且具有可扩展性。 缺点:激振设备较复杂,对现场工作条件要求高。波动参数设置复杂	(1)旁孔测试法和低应变反射波法:适应于水中桩基础检测。 (2)表面波法:适用于水中锚碇等检测;适用于检测混凝土结构裂缝深度及性态,检测混凝土结构物内部蜂窝和空洞的位置,检测混凝土的弹模及强度

2.4.4 基础冲刷技术适应性比选分析

建筑物基础冲刷技术主要有吊锤法、回声测深法、电阻率法。根据各项测试技术的特点，对各项测试项目进行适应性比选分析，见表 2-5。

基础冲刷测试技术适应性比选分析　　表 2-5

测试技术	技术特点	适应性比选分析
吊锤法	优点：操作简单、费用低廉。 缺点：测试效率低；测试结果受水流影响大；量程有限	适应于水流缓慢的浅水基础冲刷测试
回声测深法	优点：测试效率高；测试精度高；测试结果不受水流影响；量程大；可连续采集扫描河床断面。 缺点：操作相对复杂	适应于河床断面扫描和建筑结构基础冲刷测试
电阻率法	优点：设备便携、经济。 缺点：不能移动探测	适应于水流缓慢的基础冲刷长期测试

2.5 本章小结

跨江海桥梁大多处于深水激流浑浊水域，传统水下摄影摄像技术无法进行损伤识别检测，目前还没有专门针对跨江海桥梁基础进行损伤识别的技术，因而养护管理部门无法掌握跨江海桥梁基础损伤状况，存在极大的安全隐患。当今桥梁基础冲刷水下监测技术主要基于滑动磁环、FBG（Fiber Bragg Grating）传感器、光纤等设备直接安装至水下对桥梁基础冲刷深度发展进行跟踪，其中滑动磁环由于技术原理限制也无法动态监测冲刷回填过程，导致冲刷深度监测数据偏危险，不能作为预警依据。另外，这些监测设备（包括信号发射与采集设备）非常昂贵，实际水下应用时极易损坏且不容易更换，安装时更是受到周边水文环境的限制，目前仍难以在实际工程中长期稳定地得到应用。因此目前的检测技术还不能完全满足水下基础检测的需要。

第3章　跨江海桥梁水下基础常见病害及成因分析

本章主要通过资料检索、现场调研等方法收集整理了不同地域、不同建造年代、不同基础形式、不同病害类型的124座桥梁水下基础病害资料。其中珠江流域桥梁36座、钱塘江流域桥梁11座、长江流域桥梁33座、黄河流域桥梁38座及近海海湾桥梁6座。并对桥梁水下基础病害的类型、病害发生位置、病害范围等方面的特点进行分析研究,重点分析了钢筋锈蚀、混凝土裂缝、蜂窝麻面、水蚀缩径、冲刷、钢管桩或钢护筒锈蚀等主要病害的特点及成因。

3.1　跨江海桥梁水下基础常见病害调研

我国桥梁主要分布在黄河流域、长江流域、珠江流域的河流、湖泊及沿海海湾,本书重点在上述流域与地区进行桥梁水下基础病害实地调研。实地调研时,选择不同建成时间、不同桥型、同一流域不同地区的桥梁进行考察。各流域调研的桥梁统计见表3-1～表3-5。

近海海湾桥梁水下基础病害调研统计　　表3-1

序号	所在路段	水域名称	桥名	建成时间(年)	基础类型
1	深汕高速公路	长沙湾	长沙湾大桥	1996	钻孔灌注桩
2	甬台温高速公路	瓯江入海口	温州七都河高架桥	1998	钻孔灌注桩
3	合浦山口高速公路	铁山港海湾	铁山港大桥	2001	钻孔灌注桩
4	甬台温高速公路	瓯江入海口	温州大桥	1998	钻孔灌注桩
5	珠海至高栏港城市快线	西江入海口	珠海大桥	1991	钻孔灌注桩
6	珠海唐家至淇澳城市快线	珠江入海口	淇澳大桥	2001	钻孔灌注桩

钱塘江流域桥梁水下基础病害调研统计　　表3-2

序号	所在路段	河流名称	桥名	建成时间(年)	基础类型
1	杭州滨盛路	钱塘江	钱塘江三桥	1997	钻孔灌注桩
2	G320	富春江	中埠大桥	2000	钻孔灌注桩
3	杭昱高速公路	—	岭下大桥	2009	钻孔灌注桩
4	X508钟洛线	分水江	洛口埠大桥	1988	明挖扩大基础/钻孔灌注桩
5	杭州绕城高速公路	钱塘江	袁浦大桥(钱江五桥)	2003	钻孔灌注桩
6	杭州绕城高速公路	钱塘江	下沙大桥(钱江六桥)	2002	钻孔灌注桩
7	杭州绕城高速公路	钱塘江	京杭运河特大桥	2001	钻孔灌注桩

续上表

序号	所在路段	河流名称	桥名	建成时间(年)	基础类型
8	浙江上三高速公路	小舜江	小舜江大桥	2000	钻孔灌注桩
9	浙江上三高速公路	曹娥江	三界大桥	1999	钻孔灌注桩
10	浙江沪杭甬高速公路	曹娥江	曹娥江大桥	1999	钻孔灌注桩
11	萧山城区道路	浦阳江	义桥大桥	1995	钻孔灌注桩

珠江流域桥梁水下基础病害调研统计 表 3-3

序号	所在路段	河流名称	桥名	建成时间	基础类型
1	S112	顺德水道	佛山西海大桥	2005 年	钻孔灌注桩
2	广惠高速公路	增江	增江大桥	2003 年	钻孔灌注桩
3	广惠高速公路	东江	东江主槽大桥	2003 年	钻孔灌注桩
4	广惠高速公路	西枝江	文布西枝江特大桥	2003 年	钻孔灌注桩
5	广深高速公路	东洲河	东洲河大桥	1993 年	钻孔灌注桩
6	广深高速公路	大涌河	大涌河桥	1993 年	钻孔灌注桩
7	广深高速公路	川槎河	川槎河大桥	1993 年	钻孔灌注桩
8	广深高速公路	中堂水道	中堂水道桥	1993 年	钻孔灌注桩
9	—	西江	广东博罗大桥	1999 年	钻孔灌注桩
10	G325	演江	广东鱿鱼头大桥	—	桩基础和沉井基础
11	桂平至迴龙二级公路	黔江	广西黔江大桥	—	扩大基础
12	S364	顺德水道	中山横琴桥 (古镇—小榄之间)	1994 年	桩基础
13	广深高速公路	芙蓉河	芙蓉河桥	1993 年	桩基础
14	广深高速公路	望牛墩河	望牛墩河桥	1993 年	桩基础
15	广深高速公路	赤滘河	赤滘河大桥	1993 年	桩基础
16	广深高速公路	赤滘河支流	赤滘河支流桥	1993 年	桩基础
17	广深高速公路	大汾南水道	大汾南水道桥	1993 年	桩基础
18	广深高速公路	道滘河	道滘大桥	1993 年	桩基础
19	广深高速公路	新洲河	新洲河桥	1993 年	桩基础
20	梧州城市桥梁	西江	梧州西江二桥	1998 年	桩基础
21	G207	西江	梧州西江大桥	1990 年	桩基础
22	G321	西江	广西藤县西江大桥	2003 年	桩基础
23	G105	珠江	广州洛溪大桥	1988 年	桩基础
24	S111	珠江(沙湾水道)	广州沙湾大桥	1989 年	桩基础
25	广清高速公路	流溪河	流溪河大桥(旧桥)	1994 年	桩基础
26	—	北江	顺德北江大桥	1996 年	桩基础
27	G325	西江	九江大桥	1988 年	桩基础
28	广东西部沿海高速公路	崖门水道	崖门大桥	2002 年	桩基础

续上表

序号	所在路段	河流名称	桥名	建成时间	基础类型
29	G107	北江	清远北江大桥	1985 年	桩基础
30	G107	东江	东莞江南大桥(旧桥)	1984 年	沉井/桩基础
31	城市道路	邕江	南宁永和大桥	2004 年	沉井基础
32	省道梅石线	—	化州下郭大桥	1994 年	桩基础
33	Y013	流溪河	龙岗大桥	1993 年	桩基础
34	开阳高速	—	沙塘特大桥	2003 年	桩基础
35	S118	—	杨河大桥	20 世纪 90 年代	桩基础
36	高水一级公路	沙琅江	沙琅江大桥	1994 年	桩基础

长江流域桥梁水下基础病害调研统计 表 3-4

序号	所在路段	河流名称	桥名	建成时间	基础类型
1	渝涪高速公路	龙溪河	龙溪河特大桥	1989 年	钻孔灌注桩
2	S206 遂筠路	金沙江	马鸣溪金沙江大桥	1979 年	钻孔灌注桩
3	成渝高速公路	长江	江津长江公路大桥	1997 年	钻孔灌注桩
4	都汶高速公路	岷江	庙子坪岷江大桥	2008 年	钻孔灌注桩
5	G318 国道	长江	黄石长江大桥	1995 年	钻孔灌注桩
6	县道十平路	石门湖航道	安庆狮子口大桥	1972 年	桩基础
7	G209	汉江	郧阳汉江公路大桥	1994 年	桩基础
8	G106	白塔河	麻城白塔河大桥	1966 年	桩基础
9	G107	湘江	衡阳湘江二桥	1988 年	桩基础
10	G319	浏阳河	长沙浏阳河二桥	1994 年	桩基础
11	G107	水渡河	长沙水渡河大桥	1989 年	桩基础
12	湖南耒宜高速公路	—	铁山里桥	1998 年	桩基础
13	北碚至广安公路	嘉陵江	北碚嘉陵江朝阳大桥	1969 年	沉井/扩大基础
14	G319	长江	涪陵长江公路大桥	1997 年	桩基础
15	S106	綦江河	仁沱大桥	1977 年	桩基/扩大基础
16	涪陵城市道路	乌江	涪陵乌江大桥	1989 年	桩基/扩大基础
17	宜宾城市道路	长江	宜宾小南门大桥	1990 年	桩基/扩大基础
18	成雅高速公路	青衣江	西康大桥	2000 年	桩基础
19	宜宾城市道路	长江	宜宾中坝大桥	2002 年	桩基础
20	宜宾城市道路	长江	宜宾戎州桥	2006 年	桩基础
21	G319	浏阳河	长沙东屯渡大桥	20 世纪 70 年代	重力式基础
22	长沙城市道路	湘江	长沙湘江大桥	1972 年	沉井基础
23	G319	湘江	长沙湘江北大桥	1991 年	桩基础
24	沅麻公路	沅江	五强溪沅水大桥	1989 年	桩基础
25	五强溪水库库区公路	沅江	沅陵沅水桥	1991 年	桩基础

续上表

序号	所在路段	河流名称	桥名	建成时间	基础类型
26	G207	汉江	襄樊长虹桥	1992 年	桩基础
27	G316	汉江	宜城汉江桥	1990 年	桩基础
28	G107、G318	汉江	汉川汉江大桥	1997 年	桩基础
29	S107 汉宜公路	汉江	沙洋汉江大桥	1985 年	沉井/桩基础
30	G316	汉江	老河口汉江大桥	1980 年	桩基础
31	G107、S306	湘江	岳阳洞庭湖大桥	2004 年	桩基础
32	G209	店子河	巴东柚子树大桥	1998 年	扩大基础
33	—	通天河	治曲通天河大桥	1992 年	桩基础

黄河流域桥梁水下基础病害调研统计 表 3-5

序号	所在路段	河流名称	桥名	建成时间	基础类型
1	G109	辽西河	辽西河桥	1968 年	扩大基础
2	X082	渭河	东铺渭河桥	1993 年	钻孔灌注桩
3	S202	沙河	榜沙河桥	1971 年	扩大基础
4	G109	渭河	武山县渭河大桥	1966 年	扩大基础
5	G109	—	天水郡庞家沟桥	1976 年	—
6	X441	—	天水郡西大桥	1952 年	方桩
7	G109	—	青海团结大桥	1999 年	钻孔灌注桩
8	G108	沣河	陕西沣河大桥	—	钻孔灌注桩
9	G108	渭河	草滩渭河桥	—	钻孔桩基础
10	S204	无定河	陕西无定河桥	20 世纪 60～70 年代	扩大基础
11	G106	黄河	东明黄河大桥	1993 年	桩基础
12	S101	黄河	宁夏叶盛黄河大桥	1970 年	桩基础
13	G109	黄河	宁夏青铜峡黄河大桥	1991 年	桩基础
14	G109	大通河	青海民和县果园桥	20 世纪 60～70 年代	扩大基础
15	G109	黄河	乙麻目黄河大桥旧桥	1970 年	桩基础
16	G109	—	青海红庄桥	1986 年	扩大基础
17	G109	小南川河	青海小南川桥	20 世纪 60～70 年代	扩大基础
18	S327	—	山东张王桥	1979 年	桩基础
19	S327	—	山东西封南桥	1988 年	桩基础
20	S315	—	山东富国桥	1988 年	桩基础
21	S315	—	山东大幺李桥	1970 年	桩基础
22	S320	秦口河	山东秦口河桥	1989 年	桩基础
23	S320	伏家河	山东伏家河桥	1994 年	桩基础
24	S327	—	山东付家台子桥	1979 年	桩基础
25	S327	—	山东杨庄子桥	1979 年	桩基础

续上表

序号	所在路段	河流名称	桥　　名	建成时间	基础类型
26	S320	小米河	山东小米河桥	1994 年	桩基础
27	S320	朱龙河	山东朱龙河桥	1993 年	桩基础
28	S320	—	山东大山桥	1994 年	桩基础
29	S312	黄河故道	山东黄河故道桥	—	桩基础
30	S320	潍河	山东潍河桥	—	桩基础
31	S320	蒲河	山东蒲河桥	—	桩基础
32	S222	白浪河	山东白浪河大桥	—	桩基础
33	烟威路海岸线	金山港	山东金山港大桥	1992 年	桩基础
34	烟威副线	汉河	山东汉河桥	1974 年	桩基础
35	烟威路	—	山东双岛大桥	1992 年	桩基础
36	S320	—	山东双城桥	—	桩基础
37	海岸线	—	山东夹仓口桥	—	桩基础
38	距海岸 0.5km	—	山东小海桥	20 世纪 70 年代	桩基础

3.2　跨江海桥梁水下基础常见病害成因分析

本书对跨海湾桥梁、珠江流域、钱塘江流域、长江流域及黄河流域的水下基础病害特点进行了分析。

3.2.1　不同流域桥梁水下基础病害特点分析

(1)海湾桥梁水下基础病害特点分析

本书调研的 6 座海湾桥梁水下基础主要病害是混凝土剥落、钢筋锈蚀,海湾桥梁水下基础病害统计见表 3-6。

海湾桥梁水下基础病害统计　　表 3-6

基础病害类型		混凝土剥落	露筋	基础冲刷
调查桥梁	长沙湾大桥	√	√	
	温州七都河高架桥	√	√	
	铁山港大桥			
	温州大桥	√		
	珠海大桥	√		√
	淇澳大桥	√		
存在病害的桥梁数量(座)		5	2	1

注:“√”表示该桥存在此类病害。

根据管理部门的调查和检测,认为这些病害发生的原因主要是这些桥梁设计较早,设计和施工期间对混凝土耐久性问题重视不足,导致混凝土剥落、钢筋锈蚀等病害的发生。此外,这些桥梁均处于通航区，船舶的撞击也引起桥梁基础的局部损伤，从而造成混凝土破损、剥落等病害。

(2)珠江流域桥梁水下基础病害特点分析

本书调研的36座珠江流域桥梁水下基础主要病害是钢护筒(钢管桩)锈蚀，混凝土开裂、剥落、露筋、水蚀缩径、基础冲刷等，珠江流域桥梁水下基础病害统计见表3-7。

珠江流域桥梁水下基础病害统计 表3-7

基础病害类型		钢护筒(钢管桩)锈蚀	混凝土开裂	混凝土剥落	露筋	水蚀缩径	基础冲刷
调查桥梁	佛山西海大桥		√	√	√		
	增江大桥	√		√			
	东江主槽大桥	√		√			√
	文布西枝江特大桥	√					√
	东洲河大桥	√	√				
	大涌河桥						
	川槎河大桥	√		√	√		
	中堂水道桥	√					
	广东博罗大桥			√	√	√	√
	广东鱿鱼头大桥		√	√	√	√	√
	广西黔江大桥			√			√
	中山横琴桥		√	√	√		
	芙蓉河桥	√		√			
	望牛墩河桥	√					
	赤窖河大桥	√		√			
	赤窖河支流桥			√	√	√	
	大汾南水道桥	√		√			
	道滘大桥	√					
	新洲河桥	√					
	梧州西江二桥		√	√			
	梧州西江大桥		√	√			
	广西藤县西江大桥			√			
	广州洛溪大桥						
	广州沙湾大桥			√			
	流溪河大桥(旧桥)			√			
	顺德北江大桥			√			
	九江大桥		√	√			
	崖门大桥						
	清远北江大桥			√	√		
	东莞江南大桥(旧桥)		√				√
	南宁永和大桥						

续上表

基础病害类型		钢护筒(钢管桩)锈蚀	混凝土开裂	混凝土剥落	露筋	水蚀缩径	基础冲刷
调查桥梁	化州下郭大桥		√	√	√		√
	龙岗大桥			√	√	√	√
	沙塘特大桥			√	√	√	
	杨河大桥			√	√		√
	沙琅江大桥			√	√		
存在病害的桥梁数量(座)		12	9	25	12	5	9

注:“√”表示该桥存在此类病害。

调查中发现,钢护筒锈蚀主要发生在珠江流域下游河段的桥梁基础中。这与珠江流域下游河段靠近入海口水流存在明显的潮汐变化、水体盐分含量高等因素密切相关。这也进一步说明在珠江流域下游河段的桥梁基础设计、施工中,需要重视耐久性的设计。混凝土开裂、剥落病害在珠江流域的桥梁基础中发现率较高,造成此类病害的原因之一是船舶撞击,另一原因是水体冲蚀,建在水流较急的河流中的桥梁基础中这一病害表现明显。桥位处河床出现较严重的冲刷现象在珠江流域的桥梁基础中发现率较高,这与珠江流域河流采砂、河床变化等因素密切相关。

(3)钱塘江流域桥梁水下基础病害特点分析

本书调研的11座钱塘江流域桥梁水下基础主要病害是钢护筒锈蚀,混凝土开裂、剥落,河露筋、基础冲刷等。钢护筒锈蚀与钱塘江流域下游河段水流存在明显的潮汐变化、靠近入海口的水体盐分含量高等因素密切相关。这也进一步说明在靠近入海口河段的桥梁基础设计设施工中,需要重视耐久性的设计。造成混凝土出现开裂、剥落等病害的主要原因是船舶撞击。桥位处河床出现较严重的冲刷与钱塘江流域存在明显潮汐变化等因素密切相关。钱塘江流域桥梁水下基础病害统计见表3-8。

钱塘江流域桥梁水下基础病害统计 表3-8

基础病害类型		钢护筒锈蚀	混凝土开裂	混凝土剥落	露筋	基础冲刷
调查桥梁	钱塘江三桥	√	√			√
	中埠大桥	√				
	岭下大桥					√
	洛口埠大桥					
	袁浦大桥(钱江五桥)	√		√		
	下沙大桥(钱江六桥)			√	√	
	京杭运河特大桥					
	小舜江大桥	√				√
	三界大桥	√		√		
	曹娥江大桥	√		√		√
	义桥大桥		√	√	√	
存在病害的桥梁数量(座)		6	2	5	2	4

注:“√”表示该桥存在此类病害。

(4)长江流域桥梁水下基础病害特点分析

本书调研的33座长江流域桥梁水下基础,长江流域桥梁水下基础病害统计见表3-9。主要病害是混凝土开裂、剥落、露筋、基础冲刷等。混凝土开裂、剥落病害的发现率较高,这与船舶撞击、剐蹭密切相关。长江中上游地处全国第二大酸雨区即西南酸雨区,1996—2001年SO_2的浓度比1986—1995年SO_2的浓度有所降低,酸雨的频率也有所下降,但从2001年后,SO_2的浓度、酸雨的频率又呈现上升趋势,但1986年以后酸雨pH平均值变化不大。长江中上游修建的桥梁基础也会受酸雨等环境因素的影响。一旦因船舶撞击、剐蹭等因素导致混凝土开裂后,受酸雨等的长期侵蚀,会造成基础更为严重的损害。

长江流域桥梁水下基础病害统计表　　表3-9

基础病害类型		钢护筒锈蚀	混凝土开裂	混凝土剥落	露筋	基础冲刷
调查桥梁	龙溪河特大桥		√		√	
	马鸣溪金沙江大桥					
	江津长江公路大桥		√		√	
	庙子坪岷江大桥		√	√		
	黄石长江大桥					
	安庆狮子口大桥			√	√	
	郧阳汉江公路大桥		√			
	麻城白塔河大桥					
	衡阳湘江二桥			√		
	长沙浏阳河二桥					√
	长沙水渡河大桥			√	√	
	铁山里桥		√			
	北碚嘉陵江朝阳大桥					√
	涪陵长江公路大桥					
	仁沱大桥					
	涪陵乌江大桥					
	宜宾小南门大桥					√
	西康大桥					
	宜宾中坝大桥					
	宜宾戎州桥					
	长沙东屯渡大桥					
	长沙湘江大桥					
	长沙湘江北大桥					
	五强溪沅水大桥					
	沅陵沅水桥					
	襄樊长虹桥			√		
	宜城汉江桥			√		

续上表

基础病害类型		钢护筒锈蚀	混凝土开裂	混凝土剥落	露筋	基础冲刷
调查桥梁	汉川汉江大桥					
	沙洋汉江大桥					
	老河口汉江大桥					
	岳阳洞庭湖大桥					
	巴东柚子树大桥					√
	治曲通天河大桥					√
存在病害的桥梁数量(座)			5	6	4	5

注:“√”表示该桥存在此类病害。

基础混凝土开裂、破损与船舶撞击、刮蹭导致混凝土保护层剥落有关,也与设计或施工不当导致混凝土保护层偏薄有关。

长江流域的河流中挖砂作业较多,这是导致桥位处河床冲刷较严重的主要因素。而长江流域位于高原、高寒区的桥梁中,破冰体设置不当,也会导致局部冲刷加剧。

(5)黄河流域桥梁水下基础病害特点分析

本书调研的38座黄河流域桥梁基础和下部结构主要病害是混凝土开裂、剥落、钢筋锈蚀、基础冲刷等。黄河流域桥梁水下基础病害统计见表3-10。

黄河流域桥梁水下基础病害统计　　表3-10

基础病害类型		钢护筒锈蚀	混凝土开裂	混凝土剥落	钢筋锈蚀	基础冲刷
调查桥梁	辽西河桥			√		√
	东铺渭河桥		√			√
	榜沙河桥					√
	武山县渭河大桥			√		√
	天水郡庞家沟桥					√
	天水郡西大桥		√			√
	青海团结大桥					
	陕西沣河大桥					√
	草滩渭河桥					
	陕西无定河桥			√		
	东明黄河大桥	√		√		
	宁夏叶盛黄河大桥			√		
	宁夏青铜峡黄河大桥					
	青海民和县果园桥					
	乙麻目黄河大桥旧桥					
	青海红庄桥					√
	青海小南川桥					√
	山东张王桥			√		

续上表

基础病害类型		钢护筒锈蚀	混凝土开裂	混凝土剥落	钢筋锈蚀	基础冲刷
调查桥梁	山东西封南桥					
	山东富国桥				√	
	山东大幺李桥				√	
	山东秦口河桥				√	
	山东伏家河桥				√	
	山东付家台子桥				√	
	山东杨庄子桥				√	
	山东小米河桥				√	
	山东朱龙河桥			√		
	山东大山桥			√		
	山东黄河故道桥			√		
	山东潍河桥		√		√	
	山东蒲河桥		√		√	
	山东白浪河大桥		√		√	
	山东金山港大桥		√	√	√	
	山东汉河桥				√	
	山东双岛大桥					
	山东双城桥				√	
	山东夹仓口桥				√	
	山东小海桥				√	
存在病害的桥梁数量(座)		1	6	10	15	9

注:"√"表示该桥存在此类病害。

混凝土开裂、剥落、露筋等病害与基础受到撞击等因素有关。在黄河下游流域,特别是靠近黄河入海口的桥梁中,桥梁设计较早,设计和施工期间对混凝土耐久性问题重视不足,这些因素也导致混凝土出现剥落、钢筋锈蚀等病害。

此外,黄河全流域全年温差大,冬季还存在冰冻封河、凌汛等现象。冬季冰冻使基础混凝土经受冻融作用,导致混凝土出现损伤开裂;而凌汛则对基础形成巨大的挤压作用,导致混凝土局部损伤开裂。

河床冲刷病害与河床发生变迁、挖砂等因素有关。而部分桥梁破冰体设置不当,也会导致局部冲刷加剧。

3.2.2 桥梁水下基础钢结构病害特点分析

本书调研的桥梁水下基础钢结构主要病害为钢护筒锈蚀、钢管桩锈蚀等。调研中发现的钢护筒锈蚀、钢管桩锈蚀病害主要发生在沿海桥梁或所处河流水体与海水有交换、潮汐现象明显的桥梁中。如珠江口流域靠近入海口的桥梁中钢护筒锈蚀、钢管桩锈蚀病害发生较多。钢护筒锈蚀、钢管桩锈蚀与靠近入海口的水体盐分含量高等因素密切相关，同时靠近入海口的河流存在潮汐现象，容易在钢护筒、钢管桩表面形成长期的干湿交替环境，加剧钢护筒、钢管桩的锈蚀。此外，调查发现，出现钢护筒锈蚀、钢管桩锈蚀的桩基础修建时间较早，对钢结构的防护措施重视不够，如调研时发现钢管桩的保护电极丢失，这也容易导致钢护筒、钢管桩发生锈蚀。

3.2.3　桥梁水下基础混凝土结构病害特点分析

本书调研的桥梁水下基础混凝土结构主要病害为桩身缩径、混凝土损伤（开裂、剥落）、露筋等。桩身缩径和桩身露筋等病害的出现与施工、河水侵蚀、外力撞击等因素有关。调研中发现存在桩身缩径、桩身露筋现象的桥梁施工年代均较早，而近期修建的桥梁此类问题较少。另一方面，部分修建在靠近海洋的桥梁耐久性不够，导致混凝土在桩身干湿交替区因氯离子侵蚀出现开裂、露筋现象，或者是混凝土受冻融作用出现开裂、剥落、露筋现象。而在通行较大船舶的河道，船舶撞击也容易导致混凝土出现开裂、剥落、露筋的现象。本书调查的各流域的桥梁水下基础混凝土结构中，出现混凝土开裂、剥落现象的桥梁多数伴有船舶撞击、剐蹭的痕迹。

3.2.4　桥梁水下基础冲刷病害特点分析

本书调研的各流域桥梁都存在基础冲刷现象。基础冲刷现象的发生多数与桥位处的挖砂作业有关。少数桥梁的基础冲刷是由河道变迁引起。此外，部分设有破冰体的基础也存在基础冲刷现象。其原因是破冰体设置位置不当造成基础冲刷。

3.3　桥梁水下基础病害成因分析

3.3.1　钢筋锈蚀

随着时间的不断推延，许多水下混凝土构件中的钢筋逐渐被渗水锈蚀，从而导致构件的耐久性降低，结构安全性也降低。由此引起的工程损坏事例不断发生，带来的工程损失及处理费用也迅速增加，这也引起了建筑工程界和路桥部门的高度重视。其中，水下混凝土结构中钢筋的锈蚀较为普遍，特别是沿海地区的闸、涵、桥、防护堤及盐湖地区的水下混凝土较为严重。施工质量较差的混凝土构件，由于钢筋的锈蚀会产生顺筋胀裂，从而导致结构破坏，以致钢筋混凝土失效。表3-11为本书所调研的部分水下基础钢筋锈蚀情况列表。

水下基础钢筋锈蚀调查　　表3-11

桥梁名称	线路	水系	建造时间	水中基础锈蚀情况
龙溪河特大桥	渝涪高速公路	龙溪河（长江支流）	—	1号墩和2号墩承台侧壁有混凝土锈胀、剥落，锤轻击锈胀混凝土即脱落，钢筋外露，露筋处表面均已锈蚀
广东博罗大桥	—	西江	1999年	部分桩基础及桩头露筋，且外露钢筋集中在桩基础的某一侧面，钢筋锈蚀严重
东河大桥	—	沿海桥梁	1999年	施工过程中钢筋笼偏位，导致保护层厚度不足，钢筋锈蚀严重，引起混凝土胀裂

续上表

桥梁名称	线路	水系	建造时间	水中基础锈蚀情况
福州闽江大桥	城市桥梁	闽江	1970年	桩基础和承台混凝土不断地被冲刷，使钢筋外露和锈蚀
杨河大桥	广东S118	—	20世纪90年代	桥位处上下游河床长期人工取砂导致冲刷，桥墩横系梁及桩基础已经外露2～4m，桩基础部分钢筋外露锈蚀
沙塘特大桥	开阳高速公路	地方河流	2003年	水中桩基础有严重混凝土脱落和钢筋外露现象，而且钢筋锈蚀严重
龙岗大桥	—	流溪河	1993年	有12根基桩存在混凝土保护层淘空剥蚀、钢筋笼外露、锈蚀的病害
川槎河大桥	广深高速公路	川槎河	1993年	主墩桩与承台交接处表观状况较差，混凝土呈蜂窝状，且大部分承台交接处普遍存在裂隙。F3-1桩与承台交接处混凝土爆裂，出现空洞并露筋且锈蚀；F3-2桩与承台交接处混凝土破损严重，产生孔洞、露筋并锈蚀严重，且箍筋外露

水下基础中钢筋锈蚀的原因主要是，混凝土在水化作用时水泥中氯化钙生成氢氧化钙，使混凝土中含有大量的氢氧根离子，pH 值一般可达到 12.5～13.5，钢筋在这样的高碱环境中，表面容易生成一层钝化膜。研究结果表明，这种钝化膜能阻止钢筋的锈蚀，只有这层钝化膜遭到破坏后，钢筋才开始锈蚀。

（1）混凝土碳化引起的钢筋锈蚀

混凝土硬化后，表面混凝土受到空气中二氧化碳的作用，使氢氧化钙慢慢经过化学反应变成碳酸钙，使之碱性降低，碳化到钢筋表面时，使钝化膜遭到破坏，钢筋开始锈蚀。

（2）氯离子引起的钢筋锈蚀

水下混凝土中，氯离子进入混凝土通常有两种途径：

a. 掺入含有氯盐的外加剂，使用海砂，施工用水含氯盐，在含盐环境中搅拌、浇筑混凝土。

b. 渗入环境中的氯盐通过混凝土的宏观、微观缺陷，渗入混凝土中并达到钢筋表面，直接或间接破坏混凝土的包裹作用及钢筋钝化膜的高碱度两种屏障，使之发生锈蚀。而锈蚀产物体积膨胀，使混凝土保护层开裂与脱落，在海洋环境中的水下混凝土结构大都是这种情况。

氯离子引起钢筋锈蚀可以从以下几个方面分析：

①破坏钝化膜

混凝土属于碱性材料，其孔隙溶液的 pH 值为 12～14，因而对钢筋具有较好的保护作用，有利于钢筋表面形成保护钢筋的钝化膜，但这种钝化膜只有在高碱环境中才是稳定的。当周围环境中 pH 值降到 11.8 时，钝化膜就开始变得不稳定；当 pH 值降到 9.88 时，钝化膜就开始变得难以生存或逐渐破坏，使得进入混凝土中的氯离子吸附于钝化膜处，并使钝化膜的 pH 值迅速降低，逐步酸化，从而使得钝化膜被破坏。

②形成锈蚀电流

无论是混凝土碳化还是氯离子侵蚀，都可以引起钢筋部分锈蚀，在钝化膜破坏处有锈蚀电流产生，在钝化膜破坏处与未破坏区间存在电位差，有宏电流产生，但微电流要比宏电流大得多。又因氯离子的存在大大降低了混凝土的电阻率，并且氯离子和铁离子的结合可以形成易溶于水的氯化铁，从而加速了锈蚀产物向外的扩散过程，并由于宏观锈蚀电流在钝化膜破坏区边缘最大，使得靠近钝化区边缘的局部钝化膜破坏较快，这种现象称为局部锈蚀钢筋的“边缘效应”。

③氯离子导电作用

由于混凝土结构中氯离子的存在，大大降低了阴、阳极之间的电阻，强化了离子通路，提高了锈蚀电流的效率，从而加速了钢筋的电化学锈蚀过程，氯离子对混凝土中钢筋锈蚀更严重、更快速。而氯化物是钢筋的一种活化剂，它能置换钝化膜的氧而使钢筋发生溃烂性锈蚀，而氯盐是高吸湿性的盐，它能吸收空气中的水分变成液体，从而使氯离子从扩散作用变成渗透作用，达到氯离子透过保护区锈蚀钢筋的程度。

④氯离子的阳极去极化作用

氯离子不仅促成了钢筋表面的锈蚀电流，而且加速了电流的作用过程，阳极反应过程为 $Fe \rightarrow 2e \rightarrow Fe^{2+}$，如果生成的 Fe^{2+} 不能及时搬运而积累于阴极表面，则阴极反应就会因此而受阻；相反，如果生成的 Fe^{2+} 能及时被搬走，阳极反应过程就会顺利乃至叠加进行，Cl^- 与 Fe^{2+} 相遇就会生成 $FeCl_2$，Cl^- 能使 Fe^{2+} 消失而加速阳极过程，通常把阳极过程受阻称作阳极极化作用，而加速阳极过程称作阳极去极化作用，氯离子正是发挥了阳极去极化作用的功能。

⑤氯离子与水泥的作用及对钢筋锈蚀的影响

水泥中的铝酸三钙，在一定条件下，可与氯盐作用生成不溶性“复盐”，从而降低了混凝土中游离氯离子的存在。从这个角度讲，含铝酸三钙高的水泥品种有利于氯离子的侵害，海洋环境中优先选用铝酸三钙含量高的普通硅酸盐水泥。然而，复盐只有在碱性环境下才能生成和保持稳定，当混凝土的碱度降低时，复盐会发生分解，重新释放出氯离子。在做钢筋锈蚀试验时不难发现，如果大面积的钢筋表面上具有高浓度的氯化物，则氯化物所引起的锈蚀是均匀的，但是在不均质的混凝土中，常见的是局部锈蚀，导致点蚀。首先在很小的钢筋表面上，混凝土孔隙液具有较高的氯化物浓度，形成破坏钝化膜的具备条件，形成小阳极，此时，钢筋表面的大部分仍具钝化膜，成为大阳极，这种由大阳极、小阴极组成的锈蚀电偶，使小阳极上的铁迅速溶解而产生沉淀，小阴极区局部酸化。同时，由于阴极反应，生成氢氧化根离子，pH 值增高，氯离子提高了混凝土的吸湿性，使得阴极与阳极之间的混凝土孔隙的电阻降低。这几方面的自发变化，使上述局部锈蚀电偶得以自发地从局部形式继续深入进行。

在钢筋锈蚀初期，若混凝土不密实，存在渗水通道，锈水将沿渗水通道渗出，出现锈斑。图 3-1为典型的锈水外渗。海湾桥梁基础易出现锈斑，典型病害照片如图 3-2 所示。

图 3-1　锈水外渗

图 3-2　钢筋混凝土表面锈斑

3.3.2 钢管桩或钢护筒锈蚀

钢管桩或钢护筒锈蚀存在于本书调研的多座水下基础中。表3-12为本书所调研的部分发生钢管桩或钢护筒锈蚀的水下基础列表。

桥梁水下基础钢护筒锈蚀调查表　　表3-12

桥梁名称	线路	水系	建造年份(年)	水中基础开裂情况
增江大桥	广惠高速公路	增江	1999	由于钢筋混凝土桩采用钢护筒保护,混凝土受到很好保护,未发现可见性病害。但水下录像过程中发现钢护筒锈蚀严重,并有锈块脱落,护筒外还有一层较薄的水生物覆盖
东江主槽大桥	广惠高速公路	东江	2003	由于钢筋混凝土桩采用钢护筒保护,混凝土受到很好保护,未发现可见性病害。钢护筒锈蚀严重,有一层斑状的锈泡,钢护筒表面被贝壳类等水生物覆盖
文布西枝江特大桥	广惠高速公路	西江	2003	46号墩1号、2号、3号桩钢护筒表面有锈斑,部分有贝壳类等水生物覆盖
东洲河大桥	广深高速公路	东洲河	1993	无混凝土保护的钢管锈蚀严重,防腐层疏松膨胀、脱落、爆裂,与混凝土保护层交接处由于钢管锈蚀,使接触的混凝土爆裂,产生裂隙
大涌河桥	广深高速公路	大涌河	1993	由于钢筋混凝土桩采用钢护筒保护,混凝土受到很好保护,未发现可见性病害。但水下录像过程中发现钢护筒锈蚀严重,并有锈块脱落,护筒外还有一层水生生物覆盖
川槎河大桥	广深高速公路	川槎河	1993	由于钢筋混凝土桩采用钢护筒保护,混凝土受到很好保护,未发现可见性病害。但水下录像过程中发现钢护筒锈蚀严重,并有锈块脱落,护筒外还有一层水生生物覆盖
中堂水道桥	广深高速公路	中堂水道	1993	水下钢护筒锈蚀严重,并有锈块脱落,护筒外还有一层水生物覆盖
钱塘江三桥	滨盛路	钱塘江	1997	河床外露钢套箱在水下锈蚀严重,部分承台有锈块脱落;桩基外设有钢护筒,钢护筒表面有锈蚀脱落、水蚀痕迹
富春江中埠大桥	320国道	富春江	2000	护筒锈蚀比较严重,同时护筒表面长有青苔

钢管桩或设计上具有保护作用的钢护筒表面敷设的防腐保护层,多为水泥浆或防腐漆,防腐保护层破坏后,钢管壁受侵蚀而发生锈蚀。

水泥浆保护层破坏的主要原因有:

(1)施工工艺不当

细石混凝土施工为水上作业,施工难度大,水中模板密封工作难控制,容易出现漏浆或渗水等现象。再加上用人工振捣、扦插和锤击等方法灌实,保护层混凝土难以全部达到规范要求的密实度,同时还可能存在渗水稀释混凝土砂浆浓度等情况,造成混凝土局部不均匀、麻面、松散、蜂窝等现象,严重的甚至造成整个混凝土保护层环状脱节。

(2)细石混凝土的级配不合理,集料偏粗

细石混凝土的集料级配要求最大值一般控制在 20mm 以下。但现场发现局部混凝土碎石直径有的达 30~40mm,集料级配不合理,严重影响人工扦插、振捣,工作中难以保证保护层的充分密实,此类情况也是麻面、蜂窝出现较多的原因之一。

钢管桩表面外露后锈蚀的主要原因有:

(1)外界环境因素

水质的成分(如 Cl^- 等卤族元素)是影响钢管锈蚀速度的关键,盐害是产生孔蚀和应力锈蚀的主要因素之一。保护层出现裂缝、松动,空气和水分就会入侵,保护层就失去应有的对钢管表面的保护作用,与钢管表面外露的情况一样,钢管的氧化锈蚀仍会继续进行。

Fe^{2+} 到 Fe^{3+} 的反应过程如下:

$$\text{阳极反应:} Fe \rightarrow Fe^{2+} + 2e$$

$$\text{阴极反应:} \frac{1}{2}O_2 + H_2O + 2e \rightarrow 2OH^-$$

$$2H^+ + 2e^- \rightarrow H_2Fe^{2+} + 2OH^- \rightarrow Fe(OH)_2$$

$Fe(OH)_2$ 进而转化为 $Fe_2O_3 \cdot H_2O$ 或 $FeO \cdot OH$。由此可见,碳钢的氧化锈蚀速度与水中溶氧量成正比,且很大程度上受阴极控制;再有桩基处于海中或海水影响区域,潮汐河面高差较大,且水流较急,冲刷较为严重,易加速河中桩基的锈蚀作用;另外钢管锈蚀还受水的 pH 值、温度、细菌等客观因素影响。

(2)海洋生物影响

目前根据锈垢物、锈蚀形貌、水中成分及生物生存活动规律的研究,已知的水生物对金属锈蚀的机理大致通过以下方式:

①生物的新陈代谢

生物新陈代谢后生成锈蚀性介质,引起微循环及周围区域化学组成的变化,产生电位差,形成锈蚀电池,加速金属锈蚀过程。

②产生去极化作用

有些生物群能破坏阳极区的金属氧化层或者利用阴极区生成的氢,这种阳极、阴极去极化作用加速了阳极氧化(溶解)过程和阴极还原(析出)过程,使锈蚀加速。水生物附着不均匀可引起多种介质浓度差锈蚀电池。水生物在金属表面上附着不会是很完整、均匀的,尤其是物理化学性能不均匀将引起微小区域间的电位差。此外,多种锈蚀性介质都会因海水生物的附着差别、遗骸堆积等形成浓度差,致使局部锈蚀得到强化。钙质沉积保护层薄弱的地区会被 Cl^- 等化学物质穿透、浸蚀形成蚀坑,而部分蚀坑中铁细菌类在此繁殖,纤毛菌、锈菌和螺旋状铁质杆菌聚集生存并形成结节,水中若干种浸蚀性介质都能在结节下面与金属接触的界面处形成内外浓度差产生缝隙锈蚀,从而使蚀坑加深或多个蚀坑连接形成锈蚀沟。多数蚀坑加速发展,最终形成蜂窝状蚀坑。

3.3.3 混凝土裂缝

本书调研的部分水下基础混凝土存在开裂现象。表 3-13 为本项目所调研的部分发现存在混凝土开裂现象的水下基础列表。

桥梁水下基础混凝土开裂调查表　　表 3-13

桥梁名称	线路	水系	建造年份(年)	水中基础开裂情况
东洲河大桥	广深高速公路	东洲河	1993	混凝土表面存在多条裂缝,其中6条裂缝表面泛白,有白色结晶体析出。4条水平状裂缝主要分布在混凝土保护层二次浇筑接缝处,8条竖向裂缝全部发生在二次浇筑上部混凝土上
长河大桥	沪蓉高速公路	长河	1999	由于河床段上下游长期人工取砂及严重冲刷,造成桥墩承台表面部分混凝土材料疏松、剥落、开裂和钢筋外露锈蚀
东河大桥	—	沿海桥梁	1999	混凝土施工质量差,钢筋锈蚀严重,引起混凝土胀裂
庙子坪岷江大桥	都汶高速公路	岷江	2002	3号、5号、7号、8号、9号、11号墩均出现水平裂纹
深汕西长沙湾大桥	沈海高速公路	长沙湾	1996	混凝土表面大量存在沿钢筋方向横向或环向的锈胀裂缝

混凝土裂缝有多种形式,其中受力裂缝在很大程度上可以降低混凝土保护层对于钢筋的保护能力,从而降低混凝土结构的耐久性。在混凝土裂缝形式中,顺筋裂缝是表征混凝土耐久性状态和降低混凝土保护能力的最主要的裂缝形式。顺筋裂缝是由于钢筋锈蚀膨胀而造成的,一旦出现顺筋裂缝,不仅说明混凝土结构的耐久性变得较差,而且为锈蚀介质入侵提供了便捷的通道,加速结构性能劣化。

水中基础混凝土裂缝的产生,除受结构受力的因素影响外,基础所处的水流环境和混凝土浇筑质量对裂缝的产生也有很大的影响。对于处于锈蚀介质浓度较高的水体环境中的桥梁水下基础,锈蚀介质易渗透到混凝土内部,引起混凝土的碳化、钢筋锈蚀等。钢筋锈蚀达到一定程度后,即可引起混凝土开裂。如果混凝土浇筑质量不佳或抗渗性能不好,锈蚀介质更易渗入。因此,应在水中基础施工期加大对浇筑质量的控制并注意材料的抗渗性能。混凝土胀裂是钢筋锈蚀的主要表现。研究结果表明:当钢筋截面锈蚀率在4%以下时,混凝土一般不会胀裂;当钢筋截面锈蚀率超过4%时,混凝土容易胀裂,甚至造成混凝土剥落。

3.3.4 蜂窝麻面

产生蜂窝麻面的原因主要有漏浆、振捣不实、养护时受到雨水或养护水的冲淋。蜂窝麻面不仅对混凝土强度有影响,还会降低混凝土的护筋能力。表3-14为本书所调研的部分发现存在混凝土蜂窝麻面现象的水下基础列表。

桥梁水下基础混凝土蜂窝麻面调查表　　表 3-14

桥梁名称	线路	水系	建造年份(年)	水中基础蜂窝麻面情况
广东博罗大桥	—	西江珠江支流	1999	桩头缩径、混凝土表面坑槽、粗集料外露
大涌河桥	广深高速公路	大涌河	1993	承台底混凝土面有蜂窝
川槎河大桥	广深高速公路	川槎河	1993	主墩桩与承台交接处混凝土呈蜂窝状,且大部分承台交接处普遍存在裂隙

续上表

桥梁名称	线　　路	水　　系	建造年份(年)	水中基础蜂窝麻面情况
广东鱿鱼头大桥	G325	滨江	—	承台底面的片石大部分外露,悬空;承台表面出现水蚀痕迹,从而使混凝土出现麻面、蜂窝和露集料等缺陷
增江大桥	广惠高速公路	增江	2003	部分主墩的桩柱接合部的墩柱混凝土有离析现象,在河水侵蚀和冲刷下,混凝土表面产生蜂窝、露集料等病害

3.3.5　水蚀缩径

水蚀缩径主要发生在水面线附近,或经常接触水分的部位。水蚀缩径减小了混凝土的有效截面,对结构承载力产生影响。表3-15为本书所调研的部分发现存在混凝土水蚀缩径现象的水下基础列表。

桥梁水下基础混凝土水蚀缩径调查表　　表3-15

桥梁名称	线　　路	水　　系	建造年份(年)	水中基础水蚀缩径情况
增江大桥	广惠高速公路	增江	1999	28号墩和29号墩的桩基础都在河床以下,只有部分桩帽露出,露出河床的桩帽混凝土质量较好,但混凝土表面受河水侵蚀严重,存在露集料现象;29号墩桩帽上的防护混凝土有破损
龙岗大桥	Y013	流溪河	1993	有12根基桩存在混凝土保护层淘空剥蚀、钢筋笼外露
沙塘特大桥	开阳高速公路	—	2003	部分桩基桩身直径偏小、保护层偏薄

3.3.6　河床冲刷

河床产生冲刷的主要原因有以下几种:

(1)桥孔设计不合理,无法满足泄洪需求

没有充分计算汇水面积,桥孔设计过小,不能通畅泄洪,造成洪水漫过桥面或桥位上游水位壅高,加剧了桥址冲刷,使桥梁墩台、锥坡被冲毁或冲断桥头引道;若洪水中有大量泥沙或漂浮物,易使桥孔淤塞,导致桥梁被洪水冲垮。

(2)河道变迁

河道变迁改变了进桥水流流态,加剧了墩台局部冲刷。典型的桥梁水毁形式是冲断桥头引道,冲毁桥梁锥坡等调治与防护设施。

(3)桥梁调治与防护设施不完善

桥梁调治构造物的功能是调治水流,使桥孔通畅泄洪。如果桥梁缺乏必要的调治与防护设施,洪水主流摆动往往偏离桥孔中心,使桥下有效泄洪面积减小,加剧了墩台的局部冲刷。

(4)生态环境影响

生态环境恶化导致气候异常。干旱少雨使河流干涸、草木枯萎;暴雨骤降常常超出历史洪水位而使桥梁冲垮。良好的生态环境增大了地表糙率,延长了地表径流汇集时间,使流域内拦蓄的降水量增加,从而消减了洪峰,有效遏制水土流失,并从根本上解决桥梁遭受泥石流等水毁灾害。

表 3-16 为本书所调研的部分基础冲刷较为明显的桥梁列表。

桥梁水下基础冲刷调查表 表 3-16

桥梁名称	线路	水系	建造年份(年)	水中基础冲刷情况
四川马鸣溪金沙江大桥	S206 遂筠路	金沙江	1979	马鸣溪金沙江大桥附近有采砂作业,易造成基础外露而导致承载能力不足
江津长江公路大桥	成渝高速公路	长江	1997	水流在桥墩处形成冲刷
甘肃辽西河桥	G109	辽西河	1968	桥墩受冲刷、碰撞,迎水面破损,桥台锥坡受冲刷局部冲毁
陇西东铺渭河桥	甘肃 X082	渭河	1993	河道变迁河床压缩,基础受冲刷严重,承台外露
天水市榜沙河桥	陕西 S202	沙河	1971	最高洪水位距桥面 2m,桥台锥坡冲刷受损
天水市武山县渭河大桥	甘肃 G109	渭河	1966	桥墩受冲刷、碰撞,迎水面混凝土麻面;锥坡部分冲毁
天水郡庞家沟桥	甘肃 G109	庞家沟	1976	河床降低,基础冲刷严重
天水郡西大桥	甘肃 X441	天水	1952	桥附近采砂作业造成水中桩冲刷严重
陕西沣河大桥	G108	沣河	—	西安侧第三跨桥墩受冲刷严重,桩基外露
文布西枝江特大桥	广惠高速公路	西江	1993	47 号和 48 号墩所有钢护筒在河床受到冲刷的情况下,已经全部悬空
广东博罗大桥	—	西江珠江支流	1999	河床冲刷严重,3 号、4 号、5 号和 6 号墩基础冲刷较大,其中 4 号沉井基础冲刷深度达到 6.49m
桂平黔江大桥	广西桂平至迴龙二级公路	黔江	—	6 号墩右侧墩柱(6-2 号墩)混凝土表面存在轻微露石现象,金田侧面的墩台底部存在冲刷淘空现象

3.3.7 混凝土剥落

混凝土剥落的成因较多,如外力撞击、钢筋锈蚀等。外力撞击,特别是船舶撞击可以导致混凝土损伤,严重时出现开裂、剥落等病害,是引起水下基础出现病害的原因之一。由于船舶撞击对基础的影响较大,一方面必须加强防止船舶撞击的措施,另一方面需要发展适用于水中检测的设备,以便在发生撞击事故后,及时进行水中基础的检查和检测。钢筋锈蚀会造成混凝土大面积空鼓起翘,甚至部分剥落。

3.4 典型桥梁基础病害

3.4.1 海湾桥梁

(1)深汕西长沙湾大桥

长沙湾大桥为深汕高速公路西段的一座跨海湾特大桥,于 1996 年底建成通车。设计荷载等级为汽车—超20级、挂车—120级。桥梁全长为1589.1m。桥梁下部结构形式：桥墩为柱式墩，立柱直径1~38号墩为1.1m，39~50号墩为1.3m，51~70号墩为1.7m，0号台为桩柱式轻型台，7号台为肋板式台，钻孔灌注桩基础。下部结构主要病害表现为：墩柱、盖梁钢筋锈胀严重，混凝土表面大量存在沿钢筋方向横向或环向的锈胀裂缝，钢筋锈胀，混凝土鼓包，脱落。墩身实测保护层厚度很不均匀，实测值43~50mm，局部仅25mm；实测墩台钢筋锈蚀电位-67~-155mv。

图3-3 保护层锈胀脱落

该桥立柱的主要病害为混凝土保护层整层剥落，钢筋严重锈蚀。部分钢筋已经锈断，如图3-3所示。这种病害以1~38号墩立柱最为普遍和严重，39~70号墩立柱则有个别的锈胀开裂，没发现整层锈胀剥落的情况。

(2)温州七都河高架桥

温州七都河高架桥(图3-4)位于浙江省温州市，属于温州大桥的一部分，1998年建成通车。

图3-4 温州七都河高架桥

图3-5 水位线处混凝土脱落

2010年检测部分桩基水位线附近混凝土严重脱落，桩身可见少量壳类水生物，水中墩28根桩基中有共8根桩在水下均发现有破损或露筋现象(图3-5)。大桥所在水域水流较缓，未发现明显冲刷现象。

(3)铁山港跨海特大桥

铁山港跨海特大桥(图3-6)是国内西南出海大通道(重庆至湛江)合浦至山口段在广西北海铁山港跨越海湾的一座特大型桥梁。铁山港跨海特大桥位于铁山港中上段，桥梁总长2898.02m，桥面宽26.5m，全桥共113孔。1999年动工兴建，2001年11月建成通车。

2009年检测发现桩基的总体情况较好，未发现有大的倾斜、开裂等情况，大部分桩基存在偏心现象(图3-7、图3-8)。最大偏离设计桩基中心20.2cm，平均为9.21cm。

图 3-6　铁山港跨海特大桥全景(侧面)

图 3-7　第 13-2 号基础偏心照片

图 3-8　基础偏心照片

(4)温州大桥

温州大桥(图 3-9)于 1998 年 5 月 26 日建成通车。全长 2748m,主跨为 270m 的采用双塔双索面钢筋混凝土预应力斜拉桥,桥面宽 27m,双向六车道。主塔高 102m,桥下净高 31.3m。

图 3-9　温州大桥照片

2009 年经现场调查,温州大桥主墩承台存在混凝土局部破损现象,经海事部门确认为船舶撞击引起。

(5)珠海大桥

珠海大桥(图 3-10)跨越西江入海口,全长 3125m,总宽 31m,于 1993 年建成。珠海大桥主航道桥采用连续刚构桥,辅航道桥为连续梁桥,引桥为T梁桥。珠海大桥下部结构均采用桩基础。

图3-10　珠海大桥主体照片

经查阅资料,珠海大桥基础存在开裂、露筋等病害。部分系梁和承台的局部存在混凝土剥落的情况。珠海大桥桥台存在淘空的情况。珠海大桥基础现状照片如图3-11所示。

图3-11　珠海大桥基础现状照片

3.4.2　珠江流域

(1)佛山西海大桥

西海大桥位于S112碧桂路北段,跨越顺德水道,南岸靠近大洲村、北岸临近西海村,桥梁全长1056.8m。桥墩采用钢筋混凝土墩,形式依次为:1~12号墩、18~30号墩为三柱式方柱,13号墩、17号墩为单薄壁墩,14~16号墩为双薄壁墙墩;桥台采用钢筋混凝土墙式桥台;基础为钻孔灌注桩。主桥立面照片如图3-12所示。

图3-12　西海大桥主桥立面照片

桥墩采用钢筋混凝土墩,形式依次为:1~12号墩、18~30号墩为三柱式方柱,13号墩、17号墩为单薄壁墩,14~16号墩为双薄壁墙墩;该桥29个引桥桥墩帽梁全部贴钢板补强,桥墩及基础无明显倾斜和下沉,较稳定。基础和地基状况良好。主要病害为部分盖梁底面露筋、锈蚀,盖梁顶面存在建筑垃圾堆积,个别盖梁侧面竖向裂缝、混凝土粗集料外露、渗水,立柱钢筋外露、锈蚀且个别位置出现船刮痕、崩角现象。21号墩承台露筋照片如图3-13所示,17号墩墩身船刮痕、崩角照片如图3-14所示。

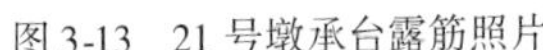

图 3-13　21 号墩承台露筋照片

图 3-14　17 号墩墩身船刮痕、崩角照片

(2)广惠高速公路增江大桥

①桥梁概况

增江大桥处于广惠高速公路萝岗至石湾朋标段。由主桥及引桥两部分组成,其中,主桥长 190m,引桥长 782.15m,全桥长 972.15m。设计荷载等级:汽车超—20 级,挂车—120,设计洪水频率:1/300,地震:基本烈度 6 度。该主桥桥型示意图如图 3-15 所示。增江大桥现状照片现状如图 3-16 所示。

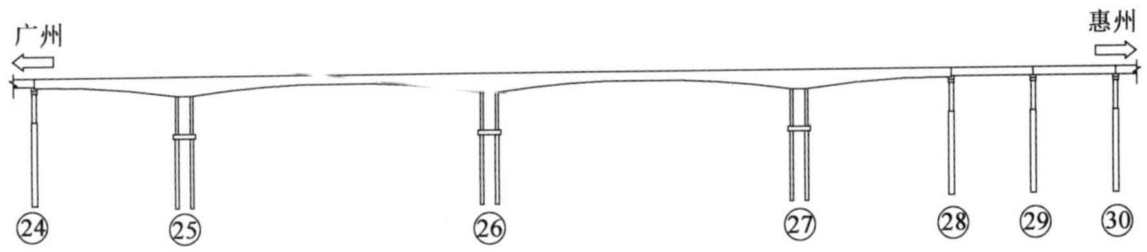

图 3-15　增江大桥主桥桥型示意图

图 3-16　增江大桥现状照片

该桥由西向东先后跨越荔石公路、石滩堤、增江西岸河滩、增江主槽、增江东岸河滩、增博堤。主桥跨增江主河槽,为 35m + 2 × 60m + 35m 预应力混凝土连续刚构桥。

②病害调查情况

a. 基础表观病害

由于钢筋混凝土桩采用钢护筒保护,混凝土受到很好保护,未发现可见性病害。但水下录像过程中发现钢护筒锈蚀严重,并有锈块脱落,护筒外还有一层较薄的水生物覆盖着。28 号墩和 29 号墩的桩基础都在河床以下,只有部分桩帽露出,露出河床的桩帽混凝土质量较好,但混凝土表面受河水侵蚀严重，存在露集料现象；29 号墩桩帽上的防护混凝土有破损。桩与河床、桩帽交接面结合的表观状况较好。但部分主墩的桩柱接合部的墩柱混凝土有离析现象，在河水侵蚀和冲刷下，混凝土表面产生蜂窝、露集料等病害，而桩与河床接合部处钢护筒锈蚀比其他地方较严重。该桥桩基础处河床面主要由砾石、卵石、砂和建筑垃圾等组成。桩基表面采用钢护筒保护，检测过程中未发现裂缝。

钢护筒锈块脱落如图 3-17 所示，桩帽冲刷露集料如图 3-18 所示。

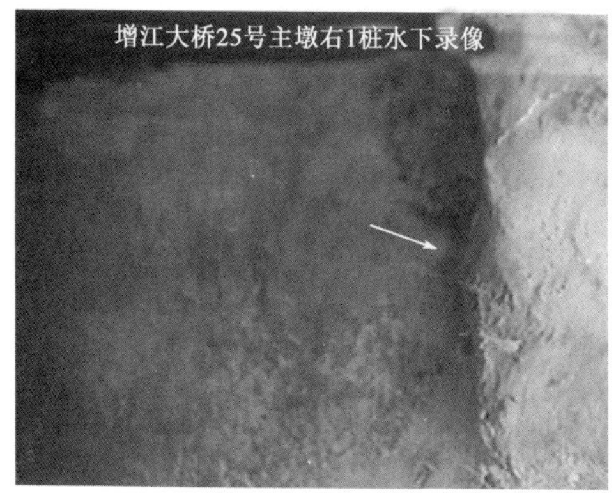

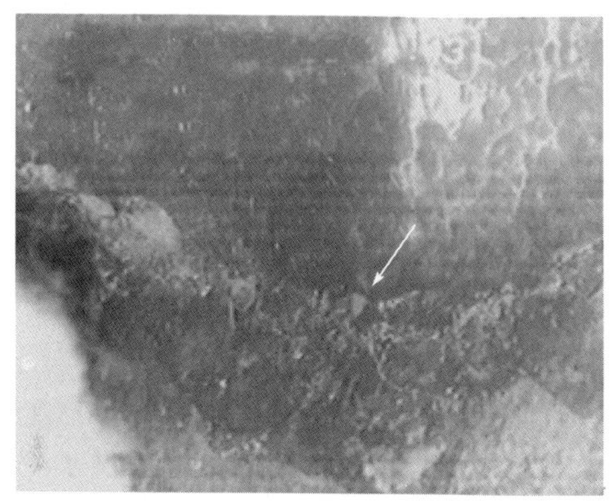

图 3-17　钢护筒锈块脱落照片

b. 河床冲刷

28 号、29 号墩桩基础几乎没有冲刷，而位于槽流区的 25 号、26 号、27 号主墩桩基础冲刷也较小，在设计允许范围内。最大冲刷深度同样发生在 27-左 1 桩位处，冲刷深度为 0.95m。

c. 河床断面测量

增江大桥上游 100m、上游 5m、桥中心线、下游 5m、下游 100m 以及航道的河床断面河床较平整，冲刷现象不明显。

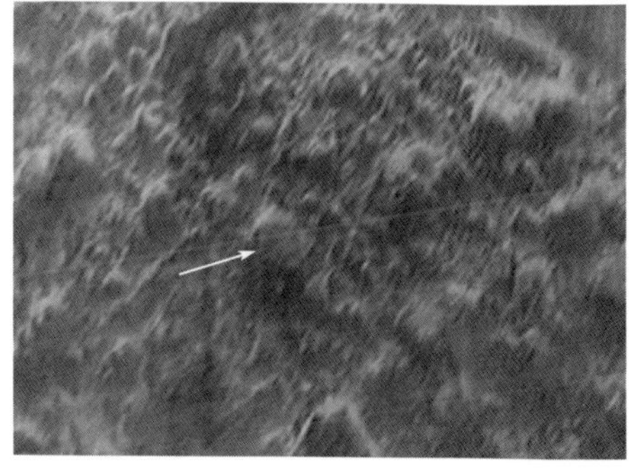

图 3-18　桩帽混凝土冲刷露集料刷照片

d. 河流水质分析

增江大桥河水中有害离子取样分析结果见表 3-17，按照《岩土工程勘察规范[2019 年版]》(GB 50021—2001)的评价标准，对钢筋混凝土结构中的钢筋和钢结构腐蚀性整体均评定为弱。

增江大桥河水中主要有害离子分析结果表　　表 3-17

河流名称	取样时段	水中主要有害离子分析结果				
		pH 值	Cl^-(mg/L)	SO_4^{2-}(mg/L)	Mg^{2+}(mg/L)	HCO_3^-(mg/L)
增江	高水位	6.91	6.54	9.03	2.50	48.98
	低水位	6.96	8.50	10.12	2.36	48.25

(3) 东江主槽大桥

东江主槽大桥(图 3-19)位于惠州市东北方向的仍图镇，在东江河道下反角处跨越东江，主桥长210m。下部结构主桥0号台为重力式U形台,1号、2号主墩为双排四柱桥墩,3号过渡墩为单排双柱式桥墩,各墩均设系梁连接,嵌岩桩基础。引桥桥墩均为单排双柱式桥墩,钻孔灌注桩基础,除16号、17号墩外其余各墩均设系梁,20号桥台为肋板式桥台,摩擦桩基础。桥墩墩台帽、墩柱(肋板)混凝土强度等级采用C30,桩基础、承台混凝土强度等级采用C25,锥坡、护坡采用7.5号浆砌片石。

图3-19　东江主槽大桥现状照片

2007年检测发现,钢护筒锈蚀严重,有一层斑状的锈泡,钢护筒表面被贝壳类等水生物覆盖。桩基表面采用钢护筒保护,检测过程中未发现裂缝。

钢护筒锈蚀如图3-20所示,钢护筒表面覆盖贝壳类水生物如图3-21所示。

图3-20　钢护筒锈蚀严重照片

图3-21　钢护筒锈表面覆盖贝壳类水生物照片

位于河槽区的主墩桩基础冲刷较大,最大冲刷深度为5.41m。东江主槽大桥的1号、2号墩之间河床较低,为河流的槽流区,形成一条非常明显的深洪线,导致河水在此区间的水流速度加剧,影响河床的稳定性,对其冲刷较严重,这与该桥位于槽流区的主墩基础冲刷检测结果相吻合。

东江主槽大桥河水中有害离子取样分析结果见表3-18,按照《岩土工程勘察规范[2009年版]》(GB 50021—2001)的评价标准,对钢筋混凝土结构中的钢筋和钢结构腐蚀性整体均评定为弱。

东江主槽大桥河水中主要有害离子分析结果表　　表 3-18

河流名称	取样时段	水中主要有害离子分析结果				
		pH 值	Cl^- (mg/L)	SO_4^{2-} (mg/L)	Mg^{2+} (mg/L)	HCO_3^- (mg/L)
东江	高水位	7.04	5.56	7.00	3.00	32.90
	低水位	7.09	4.90	8.25	2.70	30.70

(4)东洲河大桥

东洲河大桥位于广深高速公路麻涌段,起讫里程桩号为 K23 +495.5 ~ K23 +878,桥跨组合为 51.25m +4 ×70m +51.25m,分南行、北行线,为双向六车道,限速为 110km/h。该桥桥型示意图如图 3-22 所示。该桥主墩基础采用双排钢管桩(每排呈一字型布设 12 根钢管桩),钢管桩上部防腐采用混凝土保护,两侧边墩单幅为工字形 + 双墩形式,每个工字形承台布设桩 4 根,双幅共 8 根桩。现状照片如图 3-23 所示。

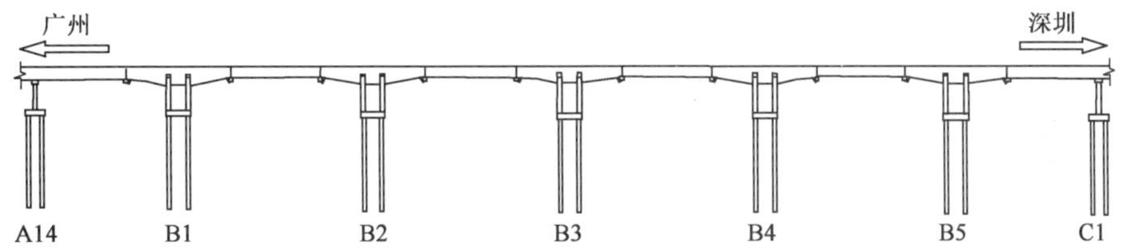

图 3-22　东洲河大桥桥型示意图

经检测该桥桩基础钢管锈蚀严重,防腐层疏松膨胀、脱落、爆裂,与混凝土保护层交接处由于钢管锈蚀,使接触的混凝土爆裂,产生裂隙(图 3-24)。桩身有贝壳类海生生物和青苔附着(图 3-25)。桩身整体混凝土保护层除存在局部开裂现象外,表观质量较好,未发现有蜂窝、麻面等可见性病害,很好地保护了钢管。部分桩基础混凝土表面存在裂缝(图 3-26、图 3-27),其中部分裂缝表面泛白,有白色结晶体析出。部分桩基处混凝土保护层脱落(图 3-28)。

图 3-23　东洲河大桥现状照片

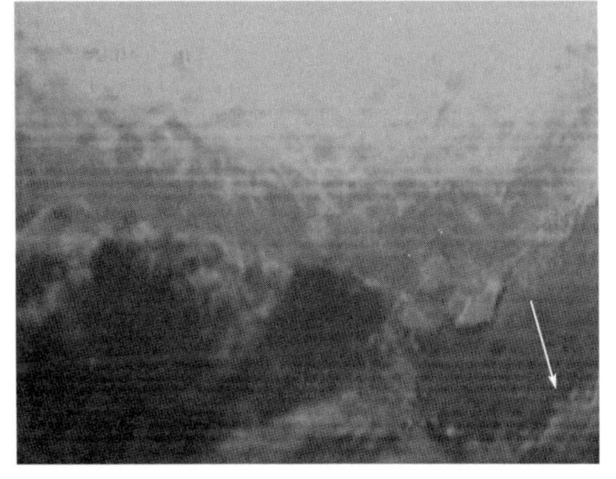

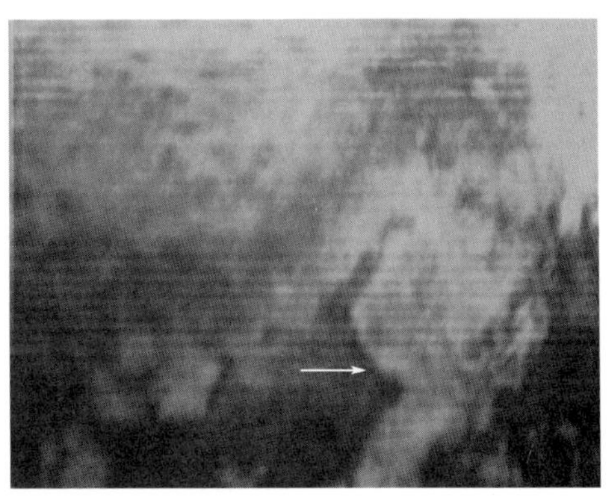

图 3-24　钢管桩保护层脱落、锈蚀严重照片

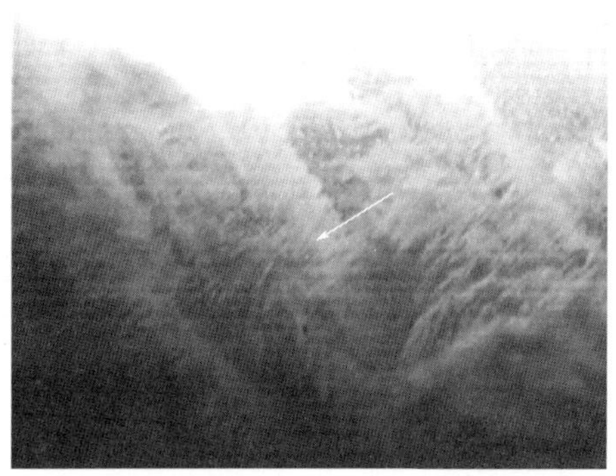

图 3-25　桩基表面覆盖水生生物照片

图 3-26　混凝土保护层竖向裂缝照片

图 3-27　混凝土保护层水平裂缝照片

图 3-28　混凝土脱落照片

图 3-29　桩与承台交接处结晶体析出照片

桩与河床、承台交接面结合的表观状况较好。桩与承台交接处局部存在白色结晶体物质析出(图 3-29),部分桩混凝土保护层与承台交接处小部分位置存在间隙。

选取开裂、泛白等病害较为典型的桩裂缝处进行钻孔取芯。检查发现裂缝贯穿了整个混凝土保护层,但钢管桩外壁的防护涂层完好。敲击防护涂层,涂层脆性裂开脱落,涂层内的钢管桩表面已发生锈蚀。芯样钻取及钢管桩锈蚀如图 3-30 所示。

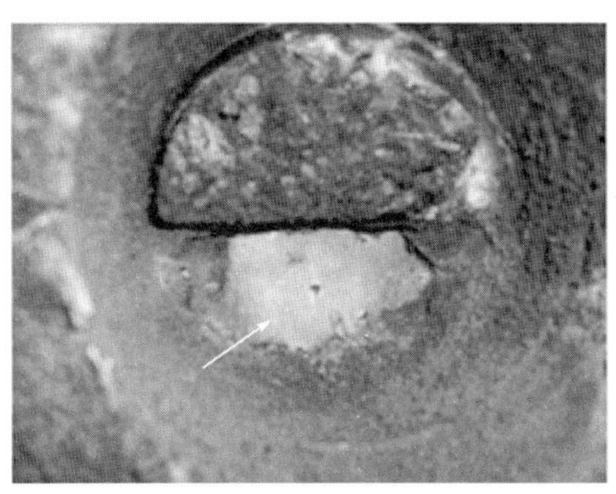

图 3-30　芯样钻取及钢管桩锈蚀照片

B3、B4 墩位于河流航道处，属于河流主流区，其河床要比其他墩位河床高程低，但就全桥河床总体情况来说，河床冲刷情况属轻微。河床较平整，无明显冲刷。

东洲河大桥河水中有害离子取样分析结果见表 3-19，按照《岩土工程勘察规范》(GB 50021—2001)的评价标准，对钢筋混凝土结构中的钢筋和钢结构腐蚀性整体均评定为弱。

东洲河大桥河水中主要有害离子分析结果表　　表 3-19

河流名称	取样时段	水中主要有害离子分析结果				
		pH 值	Cl^- (mg/L)	SO_4^{2-} (mg/L)	Mg^{2+} (mg/L)	HCO_3^- (mg/L)
东洲河	涨潮	6.89	9.98	20.54	1.85	38.01
	高平潮	6.93	9.55	17.90	1.97	39.48
	落潮	6.98	11.59	22.26	1.82	40.21
	低平潮	6.92	11.25	27.24	2.02	10.94

(5)大涌河桥

大涌河桥位于广深高速公路麻涌段，起讫里程桩号为 K26 + 213 ~ K26 + 278，桥跨组合为 2 × 32.5m，分南行、北行线，为双向六车道，限速为 110km/h。现状如图 3-31 所示。

图 3-31　大涌河桥现状照片

该桥墩基础采用桩径为 150cm 的钻孔灌注桩，桩采用施工时的钢护筒防侵蚀。E4、E6 墩单幅均为 T 字形 + 双墩形式，每个 T 字形承台布设 3 根桩，双幅共 6 根桩；E5 墩采用一字形单桩单柱形式，墩柱相接处设有桩帽，双幅共 4 根桩。

2009 年检查发现钢护筒锈蚀严重(图 3-32)，并有锈块脱落，护筒外还有一层水生生物覆盖(图 3-33)。经检查发现桩与河床、承台交接面结合的表观状况较好(图 3-34)，但承台底混凝土面有蜂窝。

大涌河主流区的河床高程都比两侧河床高程低，符合小河流过水面积小、中部会存在一条明显深洪线的河床情况。

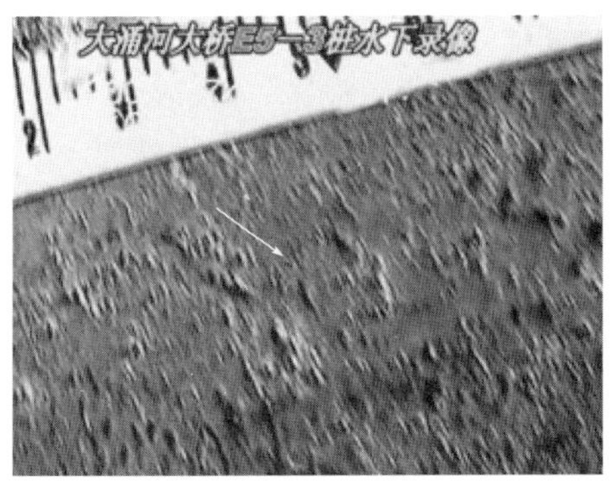

图 3-32　钢护筒锈蚀严重照片

图 3-33　钢护筒表面覆盖水生生物照片

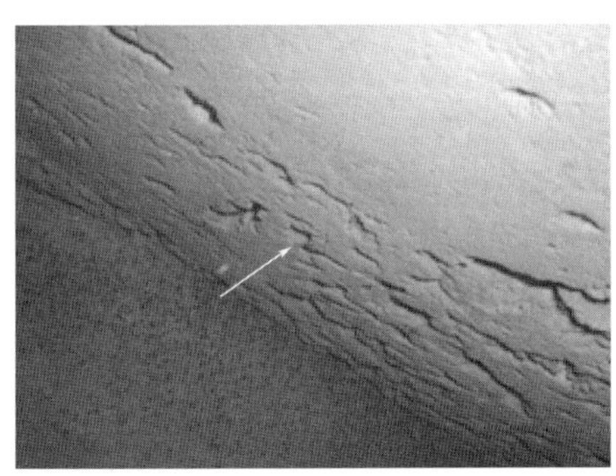

图 3-34　桩与承台交接面现状照片(一)

大涌河河水中有害离子取样分析结果见表 3-20，按照《岩土工程勘察规范[2009 年版]》(GB 50021—2001)的评价标准，对钢筋混凝土结构中的钢筋和钢结构腐蚀性整体均评定为弱。

大涌河河水中主要有害离子分析结果表　　表 3-20

河流名称	取样时段	水中主要有害离子分析结果				
		pH 值	Cl^-(mg/L)	SO_4^{2-}(mg/L)	Mg^{2+}(mg/L)	HCO_3^-(mg/L)
大涌河	高平潮	7.39	43.31	45.76	5.51	102.34
	低平潮	6.99	15.69	35.02	2.28	70.91

(6)川槎河大桥

川槎河大桥位于广深高速公路麻涌段，起讫里程桩号为 K27 +076.75 ~ K27 +500.5，桥跨组合为 51.25m +3 ×70m +51.25m +5 ×32.5m，如图 3-35 所示。该桥桩基础采用钢筋混凝土桩。主墩基础采用 8 根直径 200cm(单幅桩基础呈口字形布设 4 根桩)的钢筋混凝土桩，引桥 G1 墩基础同样采用 8 根直径 200cm(单幅桩基础呈工字形布设 4 根桩)的钢筋混凝土桩，G5 墩采用 6 根直径 220cm(单幅桩基础呈 T 字形布设 3 根桩)的钢筋混凝土桩，G6 墩采用 4 根直径 210cm(双桩柱 + 系梁布设)的钢筋混凝土桩，桩长在 34.08 ~ 39.75m 之间，外面均采用钢护筒保护。

图 3-35　川槎河大桥现状照片

2009 年检查发现钢护筒锈蚀严重,并有锈块脱落,护筒外还有一层水生生物覆盖。桩与河床交接面表观状况较好,桩基础处河床面主要由卵石、砾石、砂、石块和漂浮物等组成。主墩桩与承台交接处表观状况较差,混凝土呈蜂窝状,且大部分承台交接处普遍存在裂隙,出现空洞并且箍筋外露。该桥桩基础外包钢护筒保护,桩顶部段裸露混凝土也未发现裂缝。桩与承台交接处现状如图 3-36 ~ 图 3-38 所示,桩与河床交接面现状如图 3-39 所示。

图 3-36　F3-1 桩与承台交接面现状照片

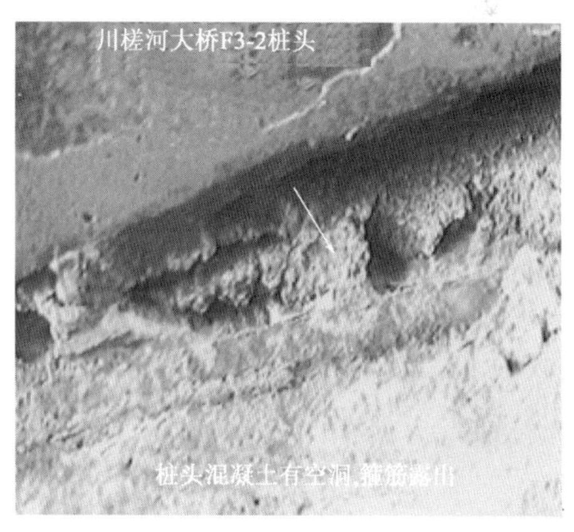

图 3-37　F3-2 桩与承台交接面现状照片

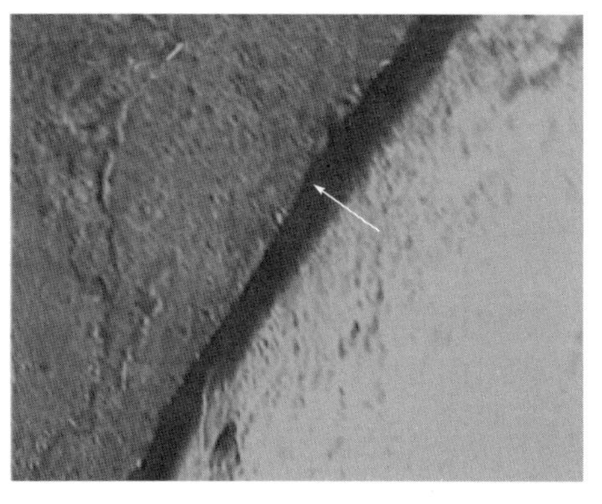

图 3-38　F3-1 桩与承台交接处间隙照片

图 3-39　桩与河床交接面现状照片

川槎河主流区的河床高程都比两侧河床高程低,符合小河流过水面积小,中部会存在一条明显深洪线的河床情况。川槎河河水中有害离子取样分析结果见表3-21,按照《岩土工程勘察规范[2009年版]》(GB 50021—2001)的评价标准,对钢筋混凝土结构中的钢筋和钢结构腐蚀性整体均评定弱。

川槎河河水中主要有害离子分析结果表　　表3-21

河流名称	取样时段	水中主要有害离子分析结果				
		pH值	Cl^-(mg/L)	SO_4^{2-}(mg/L)	Mg^{2+}(mg/L)	HCO_3^-(mg/L)
川槎河	涨潮	6.95	15.01	21.48	2.07	51.17
	高平潮	6.97	32.06	29.26	2.58	59.94
	落潮	6.88	12.96	25.99	2.07	50.44
	低平潮	6.91	24.93	28.02	2.73	54.10

(7)广东博罗大桥

博罗大桥位于博罗县城罗阳镇西侧,跨越西江。该桥于1999年竣工,全长1083.26m。主桥上部结构为净跨径 $l_0=80m$,$f_0/l_0=1/4.5$,拱轴系数 $m=1.543$ 的钢筋混凝土等截面中承式系杆拱;引桥为净跨径为45m的刚架拱和16m跨的钢筋混凝土简支T形梁通道。交界墩用沉井基础,作为施工单向墩和连拱隔离墩,其余墩均采用钻孔灌注桩基础。大桥水中各墩现状如图3-40所示。

图3-40　广东博罗大桥水中部分墩现状

由于该桥址所在处河砂开采严重,致使3号及5~10号墩全部或部分桩基外露,部分桩基露筋较多,且外露钢筋锈蚀严重。除3号墩桩基桩头混凝土被钢护筒保护未见其桩头混凝土外,检测发现其余墩桩基桩头混凝土普遍存在桩头缩径、混凝土表面坑槽、粗集料外露、露筋且钢筋锈蚀严重等现象。

①全部桩基础及桩头混凝土普遍出现坑槽、蜂窝、露集料等缺陷。

②大部分桩基础及桩头露筋,且外露钢筋集中在桩基础的某一侧面,钢筋锈蚀严重。从桩基础露筋的位置分析其原因是钻孔垂直度较差,致使钢筋笼下放后偏离孔中心,朝一侧偏斜,加上混凝土搅拌不均匀或混凝土浇筑漏浆,经过水流冲刷和水中有害离子的侵蚀,使部分混凝土强度降低及钢筋锈蚀,诱发混凝土胀裂,从而使桩头严重破坏。

③部分桩头存在缩径、变形。对5~7号墩的部分桩基础进行直径测量,发现桩径基本满足设计的130cm的要求,只是部分桩基础存在缩径和变形。其中7号墩1-1号和1-2号桩直径为125cm,小于设计桩径。5号墩桩现状如图3-41~图3-44所示。

图 3-41　5 号墩 1-4 号桩现状照片

图 3-42　5 号墩 2-1 号桩基现状照片

图 3-43　5 号墩 2-2 号桩现状照片

图 3-44　5 号墩 2-3 号桩基现状照片

河床冲刷严重,3 ~6 号墩基础冲刷较大,其中 4 号沉井基础冲刷深度达到 6.49m。桩基础现状如图 3-45 所示。

图 3-45　水中基础现状照片

3.4.3　钱塘江流域

(1)钱塘江三桥

杭州市钱塘江三桥位于杭州市东南钱塘江下游河段,主桥全长 1280m,主桥桥跨结构南北对称,两联独立,每一联为自身对称的六孔一联的斜拉桥与连续梁协作体系,斜拉桥采用 2 × 168m 独塔单索面结构,墩、塔、梁采用了固结。该桥于 1997 年 1 月 28 日建成通车,主桥立面布置图如图 3-46 所示。

图 3-46　钱塘江三桥主桥立面布置图

该桥水中承台采用钢套箱施工,承台混凝土受到钢套箱的保护未见明显病害,但河床外露钢套箱在水下锈蚀严重,部分承台有锈块脱落。桩基础外设有钢护筒,桩身混凝土受到保护,外露桩头未见明显病害,钢护筒表面有锈蚀脱落、水蚀痕迹。墩身与承台、承台与河床交接面结合的表观状况较好。

部分承台与河床交接面处发现钢套箱底部脱空,基础四周河床面主要由泥沙、建筑混凝土块和贝壳等组成。部分桥墩墩身存在竖向裂缝。

NP4 号、P0 号、SP1 号墩身存在冲刷现象,NP4 号墩上游侧河床比下游侧河床高出 5m 左右,表明下游侧河床冲刷比较严重。P0 号、SP1 号墩四周水深测量值相差比较大且钢套箱完全脱空,河床随潮汐变化明显,河床冲刷较严重。桥梁中心线河床断面图如图 3-47 所示,上游 100m 河床断面图如图 3-48 所示。

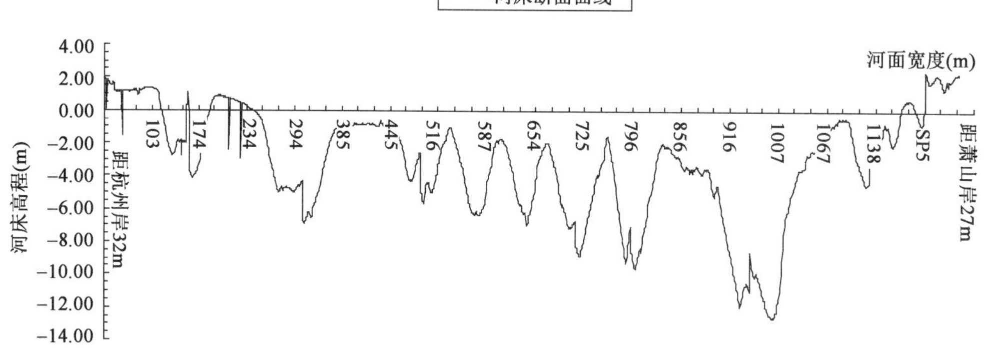

图 3-47　桥梁中心线河床断面图

钱塘江槽流区的河床高程相差较大,在桥址处河床最低,距桥越远河床越高。实测的河床断面数据表明,江河水流面积减小,导致水流速度加剧,影响河床的稳定性,对河床会产生冲刷。

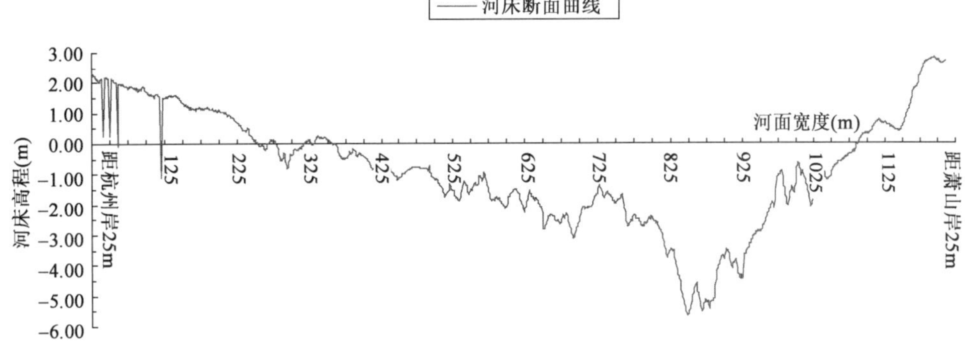

图3-48 上游100m河床断面图

(2)富春江中埠大桥

富春江中埠大桥(图3-49)位于距富阳城约10km,在富春江上游距现中埠镇渡口下游约200m处由北南跨富春江。桥梁全长为682.14m。关于下部构造、主桥主墩桩基采用ϕ200cm大直径钻孔灌注嵌岩桩基础,边墩桩基础采用ϕ150cm钻孔灌注嵌岩桩基础。桩基采用群桩基础,在上面浇注承台和墩身,两幅桥承台连为一体。引桥预应力T梁桥墩采用4根直径为150cm的桩基,预应力空心板梁下部桥墩采用4根直径为150cm的桩基。

图3-49 富春江中埠大桥现状照片

该桥各水中墩桩基础为群桩基础桩,桩基础都外包钢护筒,钢筋混凝土桩基受到很好保护,均未发现可见性病害。通过水下录像过程中发现钢护筒锈蚀比较严重,同时护筒表面长有青苔。墩身与承台、承台与桩基、桩基与河床交接面结合的表观状况较好。该墩四周河床面主要由卵石、泥沙、建筑混凝土块或基岩组成。

富春江槽流区的河床高度相差不大,南河槽水深较高,这与竣工图纸上注明的南河槽基岩没有覆盖层、江水较深是符合的。从桥中心线往两边测量的河床断面图来看,上游的河床冲刷程度要比下游严重。

(3)岭下大桥

岭下大桥位于杭昱高速公路昌化至昱岭关段,本桥中心里程桩号为K112+362.7,桥梁全长432.4m。下部构造:桥台为柱式桥台,肋式台,基础为桩基础,桥墩为柱式桥墩,基础为桩基础。桥梁现状如图3-50所示。

图3-50 岭下大桥桥梁现状总体照片

经检查该桥共有2处基础冲刷现象,具体情况见表3-22。R3承台外露照片如图3-51所示,L10承台外露照片如图3-52所示。

图3-51　R3承台外露照片

图3-52　L10承台外露照片

基础冲刷检查记录表　　表3-22

构件编号	病害类型	病害描述
R3	承台外露	基础冲刷,承台外露,高度1m
L10	承台外露	基础冲刷,承台外露

(4)洛口埠大桥

图3-53　洛口埠大桥桥梁现状总体照片

洛口埠大桥位于X508钟洛线,桥梁全长182.17m,跨径组合为9×20m。桥梁下部构造北岸桥台为片石混凝土重力式桥台、明挖扩大基础,南岸桥台为一字形肋板式桥台、明挖扩大基础,1～5号桥墩为重力式混凝土墩、明挖扩大基础,6～8号桥墩采用桩柱式桥墩。全桥支座采用板式橡胶支座。现状总体照片如图3-53所示。该桥于1988年5月建成通车。

桥墩及基础无明显倾斜和下沉,较稳定,墩柱表面无较大裂缝和混凝土剥落。3号墩右侧有刮擦痕迹(图3-54)。6号墩外侧有刮擦痕迹(图3-55)。

图3-54　3号墩右侧刮擦照片

图3-55　6号墩外侧船只撞击痕迹照片

该桥 2 号、3 号、4 号、5 号、6 号、7 号桥墩基础均有冲刷，最大冲刷深度为 157.0cm。各墩基础最大冲刷深度统计表见表 3-23，2 号墩基础冲刷测试数据及实测河床线如图 3-56 所示。

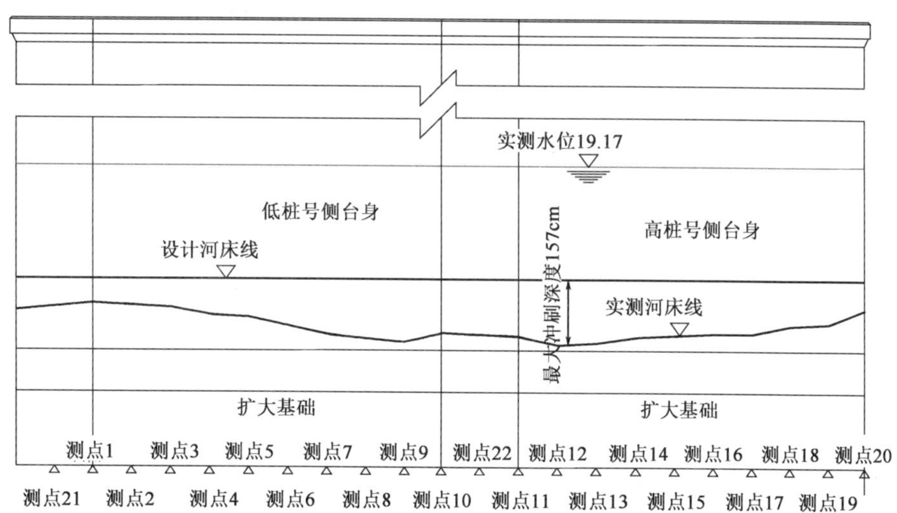

图 3-56 2 号墩基础冲刷测试数据及实测河床线

各墩基础最大冲刷深度统计表 表 3-23

基础编号	2 号	3 号	4 号	5 号	6 号	7 号
最大冲刷深度(cm)	157.0	123.0	84.3	134.6	142.7	74.0

(5)袁浦大桥(钱江五桥)

袁浦大桥(又称钱江五桥)是杭州市绕场高速公路南线段上的一座特大型桥梁，位于袁浦镇的东江嘴处，跨越富春江和浦阳江。该桥于 2003 年 12 月建成。富春江中墩下部结构采用单柱薄壁墩，浦阳江中墩下部结构采用单柱圆柱墩，基础均采用钻孔灌注桩。钱江五桥现状如图 3-57 所示。

图 3-57 袁浦大桥(钱江五桥)现状照片

经现场调查，该桥 9 号墩左幅承台封底混凝土与承台结合较差，存在脱落现象，袁浦侧脱落高度约 40cm，下游侧脱落高度约 35cm，闻堰侧脱落高度约 10cm，上游侧未发现封底混凝土脱落现象(图 3-58)。该幅桩基未完全被河床覆盖，河床上桩长介于 130 ~ 240cm 之间，外面均有钢护筒保护，且钢护筒顶部进入承台底部，桩基混凝土受到很好保护，除钢护筒有受河水侵蚀痕迹外，未发现其他可见性病害。

该桥 18 号墩所有桩基外面钢护筒均距河床 50cm 左右到承台底被切割，使桩基混凝土受到河水冲刷和侵蚀。检查还发现左幅靠袁浦与上游方向的2号桩基混凝土冲刷较严重，混凝土集料已外露。另外，剩余钢护筒有受河水侵蚀痕迹，其他桩基础未发现可见性病害。2号桩基混凝土冲刷示意图如图3-59所示，钢护筒被切割照片如图3-60所示。

图3-58　9号墩左幅承台封底混凝土脱落照片

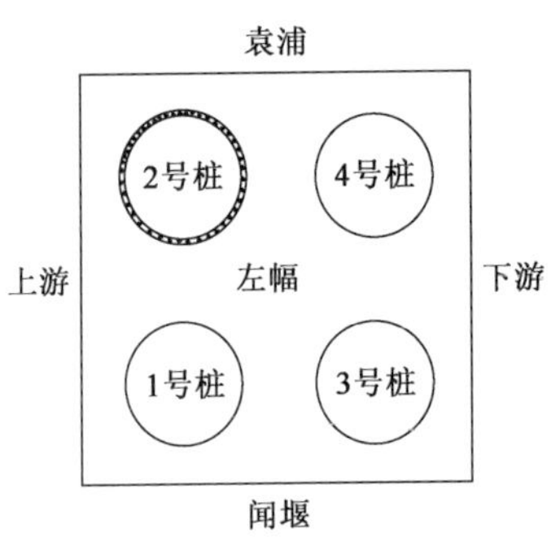

图3-59　2号桩基础混凝土冲刷示意图

图3-60　钢护筒被切割照片

由于未查到该墩施工时的河床资料，只能从调查过程中测得该墩河床相对水深来判断河床冲刷情况。从测得的数据来看，位于两条河流主槽流区的桩基础河床冲刷较严重，其他位置桩基础河床冲刷轻微。

(6)下沙大桥(钱江六桥)

下沙大桥(又称钱江六桥)是杭州市绕场高速公路东线段上的一座特大型桥梁，位于杭州下沙经济技术开发区的钱塘江赭山湾顶部。该桥于2002年11月建成，主引桥下部结构采用墙式墩，其他引桥下部结构采用柱式墩，基础均采用钻孔灌注桩。下沙大桥(钱江六桥)现状如图3-61所示。

图3-61　下沙大桥(钱江六桥)现状照片

左幅8号墩上游侧面钢筋锈蚀导致混凝土剥落，混凝土剥落面积约为150cm×80cm，7处钢筋锈蚀，最大长度为75cm。8号墩现状如图3-62所示，墩身露筋照片如图3-63所示。

(7)京杭运河特大桥

京杭运河特大桥是杭州市绕城高速公路北线段上的一座特大型桥梁，位于杭州市绕城高速公路乔司至余杭塘河桥段上。大桥于1999年7月正式施工，2001年7月完工。京杭运河特大桥全长704m。主桥下部结构为薄壁箱形墩，引桥为排架式墩台，基础均采用钻孔灌注桩。大桥现状如图3-64所示。

图 3-62　8 号墩现状照片

图 3-63　墩身露筋照片

图 3-64　京杭运河特大桥现状照片

图 3-65　13 号墩现状照片

京杭运河特大桥水中墩共有 2 个,分别为主桥的 13 号和 14 号主墩。承台底均被河床覆盖,无桩基外露在河床上,钢筋混凝土桩基受到很好保护。除外露在河床上的承台混凝土有受河水侵蚀痕迹外,未发现其他可见性病害。13 号墩现状如图 3-65 所示。

经检查发现桩与河床、承台交界面结合的表观状况较好,承台表面覆盖着一层淤泥,构件表观未发现蜂窝、麻面、剥落以及露筋等缺陷。承台四周河床主要由淤泥组成。

从河床水深测量的数据来看,左右幅河床较平整。

(8)小舜江大桥

小舜江大桥位于浙江上三高速公路上嵊段,跨越小舜江。该桥于 2000 年 5 月建成,下部结构为柱式墩、肋式台,基础采用钻孔灌注桩。小舜江大桥现状如图 3-66 所示。

经调查,该桥水中桩基混凝土均有钢护筒保护,桩基混凝土用的钢护筒存在锈蚀现象,部分桩基钢护筒顶部锈蚀严重(图 3-67),导致多处开裂,中部形成空洞,桩与河床、桩帽交接处的表观状况较好,未发现可见性病害,位于河流主槽流区的桩基础河床冲刷较严重。

(9)三界大桥

三界大桥位于浙江上三高速公路上嵊段,跨越曹娥江。该桥于 1999 年 12 月建成,为左右线两座独立式桥梁,桥面宽均为 12.5m。

图 3-66　小舜江大桥跨河流局部照片

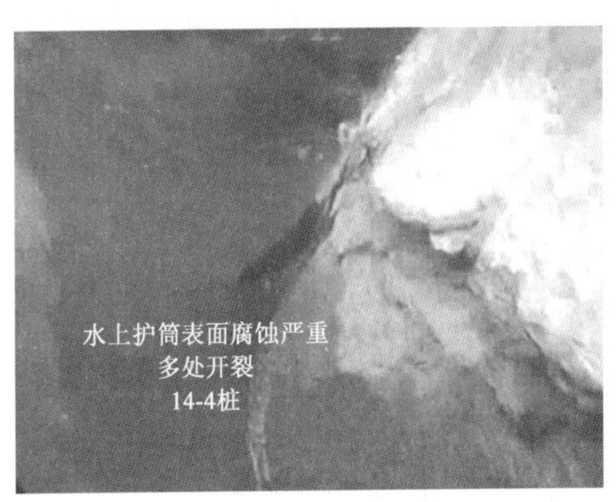

图 3-67　14 号墩桩基钢护筒严重锈蚀照片

该桥上部结构类型采用后张法预应力钢筋混凝土简支空心板和后张法预应力钢筋混凝土简支 T 形梁两种形式，其中右线孔跨形式为 11 × 20m + 5 × 40m + 3 × 20m，左线孔跨形式为 13 × 20m + 5 × 40m + 2 × 20m；左右线下部结构均为柱式墩、肋式台，基础均采用钻孔灌注桩。三界大桥现状如图 3-68所示。

图 3-68　三界大桥现状照片

该桥水中基础保护桩基础混凝土用的钢护筒均存在锈蚀现象，其中左线桥 16 号墩的桩基础钢护筒中间存在五道间接缝，接缝处经河水冲刷，已形成空隙；桩与河床、桩帽交接处的表观状况较好，未发现可见性病害；位于河流主槽流区的左线桥 16 号墩桩基础河床冲刷较严重；14 号墩、15 号墩右线桩基未完全被河床覆盖，裸露在河床上的桩基础混凝土表面较粗糙，有受河水冲刷和侵蚀的痕迹，导致集料外露。

(10)曹娥江大桥

曹娥江大桥位于杭甬高速公路绍兴段。上部结构类型为预应力钢筋混凝土简支空心板和 T 形梁两种形式，孔跨形式为 10 × 20m + 20 × 35m + 13 × 20m，下部结构为柱式墩，基础采用钻孔灌注桩。曹娥江大桥现状如图3-69所示。

图3-69　曹娥江大桥现状照片

该桥水中基础无钢护筒保护的桩基础混凝土受河水冲刷和侵蚀较严重，导致混凝土集料外露，部分桩基础混凝土表面还表现为凹凸不平且易剥离(图3-70～图3-73)。保护桩基混凝土用的钢护筒存在锈蚀现象。桩与河床、桩帽交接处的表观状况较好，未发现可见性病害。位于主槽流区的桩基础河床冲刷较严重。

图3-70　桩基混凝土表面凹凸不平照片

图3-71　混凝土脱落照片

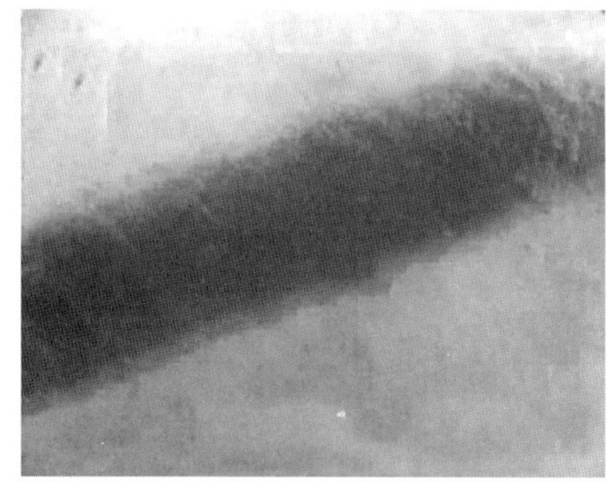

图3-72　桩基露筋照片

图3-73　混凝土表面集料外露照片

(11)义桥大桥

义桥大桥于1995年12月建成并通车，长420m，宽12m，行车道宽为9m。主跨中墩为三根直径150cm钻孔灌注桩墩，并设中系梁。边墩及岸台各用两根直径120cm的钻孔桩墩。桩柱顶设钢筋混凝土盖梁。义桥大桥现状如图3-74所示。

该桥各墩桩基存在不同程度的病害(图3-75),主要集中在桩柱接合部,主要表现为剥落、露筋、开裂、蜂窝麻面现象,其中以6号、7号墩病害最为严重。6号、7号墩之间为通航孔,来往的船只撞击,造成了桩柱接合部混凝土出现破损松动。此外义桥大桥地处浦阳江与钱塘江汇合处,有涨潮现象,水流会对桩柱接合部的混凝土不断冲刷侵蚀,造成桩柱接合部钢筋发生锈蚀,最后导致混凝土脱落。

图3-74 义桥大桥现状照片

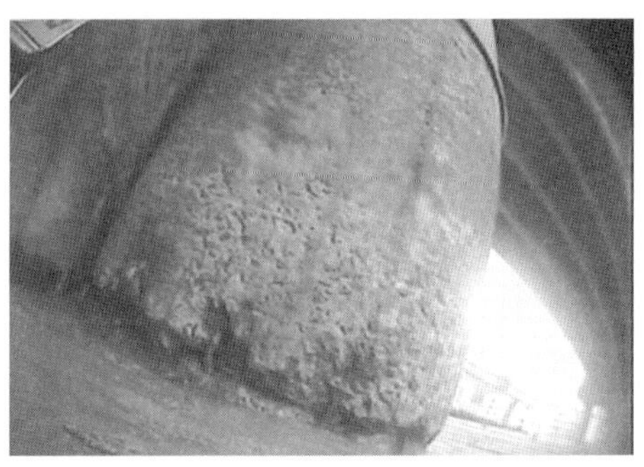

图3-75 义桥大桥桩基病害照片

3.4.4 长江流域

(1)龙溪河特大桥

龙溪河特大桥位于渝涪高速公路长涪段K6+064.69~K6+790m处,桥梁全长725.31m。桥台为重力式U形桥台;桥墩为双肋柔性薄壁桥墩,钻孔灌注桩基础。

全桥桥墩均为双排空心薄壁墩,桥墩及基础无明显倾斜和下沉,较稳定。桥墩整体表观质量较好,只在下缘局部存在剥落露筋现象。1号墩和2号墩承台侧壁有混凝土锈胀、剥落,锤轻击锈胀混凝土即脱落,钢筋外露,露筋处表面均已锈蚀(图3-76)。龙溪河特大桥主桥两个中墩基础均位于河水中,中墩基础均未出现明显的局部冲刷现象,这与施工中采用围堰施工工艺有关,围堰为基础冲刷起到了一定的保护作用。

图3-76 1号墩承台露筋照片

(2)四川马鸣溪金沙江大桥

四川马鸣溪金沙江大桥(图3-77)位于S206遂筠路,1979年3月建成,为上承式空腹钢筋混凝土箱形拱,主孔150m,引道65m,全长245m。

图 3-77　马鸣溪金沙江大桥

马鸣溪金沙江大桥附近有采砂作业使河床降低(图 3-78),容易造成基础外露而导致承载能力不足。

(3)重庆江津长江公路大桥

重庆江津长江公路大桥(图 3-79)于 1997 年建成,连续刚构,全长 1360m,主桥长 520m,为 140m + 240m + 140m 三跨连续刚构桥。

图 3-78　马鸣溪金沙江大桥河床降低

图 3-79　江津长江公路大桥

引桥桥台上下游出现不对称裂缝,裂缝从上到下斜着贯通整个桥台。德感侧桥台出现斜裂缝,角度约为 45°,斜向贯通整个桥台中部。15 号、16 号墩发现船撞痕迹,部分被撞区箍筋露出(图 3-80)。

图 3-80　桥墩照片

(4)庙子坪岷江大桥

庙子坪岷江大桥(图 3-81)位于都汶高速公路,桥梁设计荷载等级为汽车—超 20 级,挂车—120,桥梁全宽 22.5m,采用整体式断面,桥梁设计水位为 877.00m(水库正常蓄水位),设计行车速度为 60km/h,地震基本烈度为Ⅶ度。“5・12”汶川大地震使庙子坪泯江特大桥破坏严重,第十孔梁体掉落,主桥边孔支座破坏,梁体下挠,引桥梁体纵横移位,挡块破损,支座滑移、脱落。其中掉落梁体对墩柱的影响以及水中墩柱在地震中的破坏情况检测难度很大。多桥墩出现水平裂纹,裂纹贯通整个桥墩横截面。1 号及 10 号墩上游侧裂缝如图 3-82、图 3-83 所示。

图 3-81　庙子坪岷江大桥

图 3-82　1 号墩上游侧裂缝照片

图 3-83　10 号墩上游侧裂缝照片

图 3-84　黄石长江大桥现状照片

(5)黄石长江大桥

黄石长江大桥位于长江中游的湖北省黄石市,是国家公路干线上海至成都 318 国道上的特大型桥梁。该桥全长 2580.08m,主桥长 1060m,为 162.5m + 3 × 245m + 162.5m 的 5 跨预应力混凝土连续刚构桥。主桥墩采用直径 28m 的双壁钢围堰加 16 根 ϕ3m 钻孔灌注桩基础。黄石长江大桥现状如图 3-84 所示。

该桥 2 号墩周围淤积的河床已将钢围堰、薄壁墩掩埋,淤积物以砂质土为主。从承台顶面到河床面的淤积厚度平均为 8.55m。2 号墩的薄壁墩表面均长有厚度约 1cm 的絮状水生物。薄壁墩与河床接合处未见冲刷、破损现象;薄壁墩表面存在轻微麻面的情况,未见露筋现象。

(6)安庆狮子口大桥

安庆狮子口大桥(图 3-85)位于县道十平路上,于 1972 年 12 月通车。桥梁结构为:7 × 20m 装配式简支 T 形梁桥,全长 170.4m;单排多柱式墩,浆砌片石 U 形桥台。

桥墩群桩基础受河水冲刷侵蚀、淘空(图 3-86),墩柱出现麻面,露筋病害(图 3-87)。

(7)衡阳湘江二桥

衡阳湘江二桥(图 3-88)为 107 国道上的一座特大桥梁,同时也是沟通衡阳市东西两区的一座重要城市桥梁。全桥由主桥、东引桥和西引桥三部分组成,全长 766.65m。其中主桥上部构造为 55.4m + 3 × 85m + 55.4m 预应力单箱三室变截面连续箱梁，下部构造为双钢围堰扩大基础和钢筋混凝土墩身。桥面全宽 20.80m，通航等级为二级。该桥于 1988 年建成通车。

图 3-85　安庆狮子口大桥现状照片

图 3-86　基础现状照片

图 3-87　墩柱露筋照片

图 3-88　衡阳湘江二桥现状照片

部分桥墩存在混凝土剥落现象，经调查认为与船舶撞击有关。

(8) 长沙浏阳河二桥

长沙浏阳河二桥(图 3-89)位于长沙市北部，于 1994 年竣工通车，桥梁全长 760m。目前该桥已经拆除重建。

该桥下部结构主要病害是桥台浆砌片石护坡水毁(图 3-90)，与浏阳河夏季洪水位高且洪水发生频率高有密切关系。

图 3-89　长沙浏阳河二桥照片

图 3-90　桥台浆砌片石护坡水毁照片

(9)长沙水渡河大桥

长沙水渡河大桥(图 3-91)于 1989 年建成通车,其桥梁的结构形式为 6 × 30m + 3 × 60m 跨径组合的装配式预应力 T 形梁和空心板梁。基础为桩柱式基础。

图 3-91　长沙水渡河大桥照片

桥梁下部结构主要病害有盖梁和墩柱混凝土保护层过薄,混凝土剥落、露筋、锈蚀等。

(10)北碚嘉陵江朝阳大桥

北碚嘉陵江朝阳大桥(图 3-92)于 1969 年建成,双链加劲梁式悬索桥,总长 233.2m,共 3 孔,中跨长 186m,梁边孔为钢筋混凝土微弯板梁式桥,长 21.6m。桥面宽 8.5m,其中车行道宽 7m。锚碇采用隧道式锚,1.8m 厚的钢筋混凝土锚碇板四周嵌入基岩,锚洞长 15m。

该桥基础主要病害为北岸索塔基础临江侧出现基础局部淘空现象。上游侧砌石墩身护脚砌体坍塌,毁坏严重。

图 3-92　朝阳大桥照片

3.4.5　黄河流域桥

(1)甘肃辽西河桥

甘肃辽西河桥(图 3-93)位于 G109,于 1968 年建成,上部结构采用 3×12.5m 混凝土工字梁微弯板,下部结构为重力式桥墩。钢支座锈蚀,梁腹板有竖向裂缝,老横隔梁被拉断,有破损、露筋、贯穿裂缝、锈蚀现象。栏杆有顺桥向裂缝。桥面连续,无伸缩缝。工字梁抗弯加固,粘贴 1 层碳纤维。每跨梁端加 2 道横系梁。

图 3-93　甘肃辽西河桥

下部结构主要病害为桥墩迎水面混凝土受冲刷、撞击破损,桥台锥坡受冲刷局部冲毁(图 3-94、图 3-95)。

(2)陇西东铺渭河桥

陇西东铺渭河桥(图 3-96)位于 X082,于 1993 年 11 月建成,采用钢筋混凝土工字梁微弯板,13×16m,全长 218.6m,处于盐碱腐蚀环境,超载较多。

锥坡局部沉陷,基础局部冲刷外露,局部有微裂缝。河床变迁,局部冲刷严重(图 3-97)。

(3)天水市武山县渭河大桥

天水市武山县渭河大桥(图 3-98)位于 G109 国道,于 1966 年建成,为 5 片简支 T 梁桥。重力式桥墩,设计荷载等级汽—15,桥面净宽 7m。

图 3-94　桥墩受冲刷、碰撞，迎水面破损

图 3-95　桥台锥坡受冲刷局部冲毁

图 3-96　陇西东铺渭河桥

图 3-97　基础受冲刷严重，承台外露

图 3-98　武山县渭河大桥

该桥水下基础主要病害为桥墩受冲刷、碰撞(图 3-99、图 3-100)。

图 3-99　桥墩受冲刷、碰撞

图 3-100　锥坡部分冲毁

(4)天水郡西大桥

天水郡西大桥于1952年建成,位于X441,于两跨一联板式双悬臂刚构,21跨,混凝土桩排架墩,河床降低,桩基外露。墩根有裂缝。伸缩缝下部锚固处拉裂。该桥现在已经限载。

河床降低,基础冲刷严重(图3-101、图3-102)。

图3-101　冲刷严重

图3-102　桥附近采砂作业

(5)东明黄河大桥

东明黄河大桥(图3-103)位于山东省东明县和河南省濮阳市之间的黄河上,主孔系一座预应力混凝土连续刚构公路桥。大桥全长4142.14m,中间4个主墩采用双壁墩,墩梁固结,其余各墩为实体式空心墩,每墩顶设双排盆式橡胶支座。引桥上部结构采用40m和50m两种部分预应力混凝土简支T形梁,桥面连续,最大联长300m。下部结构为桩径2.0~2.4m的钻孔桩,引桥桥墩为单排双柱式墩。东明黄河大桥60号墩桩身均有护筒包裹,护筒锈蚀较严重,局部存在空洞。

图3-103　东明黄河大桥主桥概貌照片

(6)叶盛黄河大桥

叶盛黄河公路桥(图3-104)位于宁夏吴忠市与灵武市之间,于1970年12月建成通车。叶盛黄河大桥全长502m,由东、西两座桥组成。东河桥为10孔40m的钢筋混凝土双曲拱桥,西河桥为8孔15m工字形梁桥,基础采用群桩基础。桥面行车道宽8m,两侧各设1m宽的人行道。

图 3-104　叶盛黄河大桥整体照片

对叶盛黄河大桥主墩基础进行了现场调查,叶盛黄河大桥部分承台表面(淹没区)局部存在混凝土集料剥落的现象,未见明显的混凝土开裂、露筋等现象。

3.5　本章小结

我国幅员辽阔,水系众多,近 30 年我国公路交通发展迅猛,跨河、跨海湾桥梁水下基础病害成为威胁桥梁安全运营的重要隐患。而由于检测方法和检测技术的制约,水下基础病害类型、特点及其成因尚无系统的研究,这也使目前正在起步的水下基础检测和评定技术缺少了必要的前期调查资料的支持。本章在对水下基础病害资料广泛收集整理的基础之上,对桥梁水下基础病害的类型、病害发生范围等方面的特点进行了分析研究。依据桥梁水下基础病害调研和病害特点分析研究成果,从工作环境、人为或自然损害等方面进行了桥梁水下基础病害成因分析。

第4章　跨江海桥梁水下基础检测内容及要求

为促进跨海大桥主墩基础病害检测、识别技术水平的提高，本章在总结已有水下基础检测内容和检测技术的基础上对水下检测检测前的准备工作、检测方法选择和安全工作进行了论述，并提出了模态法和三维成像声呐法的仪器设备、现场检测、数据处理、成果报告的相关要求，以供参考。

4.1　结构历史与现状调查

历史与现状调查是指检测人员向设计、施工、监理和建设单位详细了解桥梁建设和运营期间发生的特别事件和存在的问题及其处理情况，全面搜集有关的设计、施工和监理技术资料，以及营运期间桩基础、系梁受船舶撞击情况，养护维修情况等。

4.2　桥梁水下基础表观质量检查

桥梁水下基础表观质量采用水下照明配合水下摄影、摄像技术进行检测，可以全面检查桥梁基础表观病害，通过摄影、摄像技术实时记录水下基础现状。检查重点是基础表面是否存在开裂、蜂窝、麻面、孔洞、松散、剥落、钢筋外露锈蚀、钢管桩锈蚀、表面沉积物以及撞损痕迹等。其中桩身与承台连接处、桩身与河床交界处、承台底面和顶面是重点检查部位。表观病害检测时，首先应进行一般的、全面的宏观性目测检查，其目的是发现主要缺陷。不需要使用仪器和预先清理，可通过常规目视或普通摄像方法检查结构的形状变化、水生物生长附着情况、机械损伤、表面结构腐蚀、基础冲刷以及构件大的缺陷等。然后，根据宏观性检查的结果或检测要求确定应进一步较仔细地进行外观检查的部位和内容。检测时，对检测部位首先要进行清理，测量损伤等部位的尺寸、位置、范围等。其目的在于确认可能存在损伤或为了监测结构的完整性，对局部区域进行较为详细的检查。当发现重大缺陷后，为了详细掌握缺陷程度，如裂缝深度、冲刷的详细情况等，会采用各类仪器进行细致检查。

4.3　桥梁水下钢管桩基础检测

桥梁水下钢管桩基础检测一般包括内部损伤检测、腐蚀检测和焊缝损伤检测。

4.3.1　桥梁水下钢管桩基础内部损伤检测

采用水下超声波法对桥梁水下基础内部损伤进行检测，水下超声波检测并不是简单地将陆上超声波检测方法搬至水下的复杂环境。一些在陆上看似较简单的问题,在水下超声波检测时较难被解决。例如探头仪器的选择、测试、调节和灵敏度的设置问题,如何进行水下观察、记录与判断等问题。水下超声波检测与陆上常规超声波检测方法的基本原理是相同的,以脉冲反射法和共振法为主,脉冲反射法可用于水下探伤,也可用于测量厚度,数字显示共振法主要用于水下测量厚度。但水下超声波检测还存在下列要求:

(1)水密性和耐水压性

尤其是沉浸于水下的主控制显示器,犹如一个压力容器,其耐压壳体和聚丙烯窗口,既要能在数十米水深条件下承受外部高压以防在工作深度被挤毁,又要能在水面环境下承受内部的超压力。

(2)人员安全性

所有的沉浸电器设备和装置,必须尽可能地防止潜水员触电;通常,通过潜水员身体的故障电流不得超过0.5mA(交流)或2mA(直流)的"感受度"。

(3)技术性能

通常,水下超声仪必须能应用脉冲反射技术和双探头技术,覆盖的最小频率范围为2~6MHz,在试验条件下,屏幕全幅值5%的回波能清晰地被探测。同时,能从正面看到直接描绘基准曲线的平坦屏幕,适用于纵波传感器,T/R传感器,45°、60°、70°和80°的斜探头。

(4)环境适应性

系统和部件必须适应其工作环境。

(5)可操作性

设备通常被设计成少按钮且容易识别,便于操作和校准。每台水下超声波检测设备都应有相应的操作手册(包括装备/仪器、应用范围、限制条件以及影响该装备应用的设计准则的说明)和校准程序。

(6)探头

探头的形式主要有直探头、斜探头和T/R探头三种,频率通常为2~6MHz。由于探伤时探头与工件直接接触(润滑剂为海水,润滑性能差),工件表面又非常粗糙(打磨后残留的硬质海生物像锋利的尖刀),因此探伤时对探头的磨损是极其严重的。水下超声探头全部采用钢质保护膜,一方面可防止磨损,另一方面是为了抵抗较高的压力。直探头主要用于测量厚度,斜探头主要用于焊缝的探伤,其角度一般有45°、60°、70°和80°等几种。

4.3.2 桥梁水下钢管桩基础腐蚀检测

桥梁水下基础腐蚀检测可采用水下电位测量技术,但该测试技术难度大,目前还未在桥梁水下基础领域应用。

水下电位测量仪器用于测定水下结构物的腐蚀检测。由潜水员直接在水下测定。设备由电位测量仪、测试棒(前端)钢制尖头、蓄电池组等组成。使用时,潜水员将仪器测试棒尖端对准被测点,必须保证测点接触良好,荧光管上稳定显示时的数字即为电位读数。

4.3.3 桥梁水下钢管桩基础焊缝损伤检测

桥梁水下钢结构基础焊缝损伤检测目前可行的测试技术是水下磁检测技术。

针对桥梁水下基础检测的特点，将磁检测技术与信息技术相融合，检测精度与检测效率得到了较大的提高，检测功能得到了增强。适合桥梁水下钢结构焊缝损伤检测的技术有磁粉检测技术、涡流检测技术。详见 2.2.1。

4.4　基础局部冲刷检测

基础局部冲刷探测采用水下摄像、电探、吊锤探测三种方法进行。

4.4.1　水下摄像法

通过将摄像装置及测深仪等固定在自制的架子上放至桩基与河床交界位置，环绕桩基础对其局部冲刷情况进行观察并进行摄录，同时通过测深仪获取水深信息，从而判断冲刷深度。

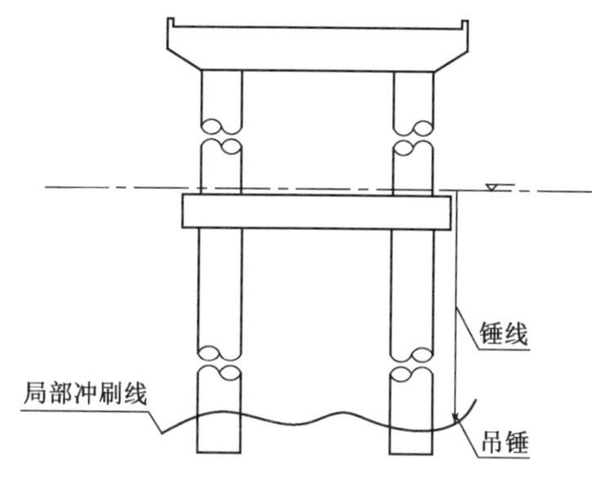

图 4-1　吊锤探测法示意图

4.4.2　电探法

电探法采用冲刷仪测试。将测试电极沿桩身侧壁下放至河床表面并插入土中，然后读取冲刷深度数据。

4.4.3　吊锤探测法

从水面（或从某个基准点，如系梁顶面）将重力式探头沿桩身侧壁吊放至河床表面（图 4-1），通过重力式探头上的传感器等设备获取河床深度等信息，从而判断冲刷深度。环绕系梁移动探头并记录河床深度等信息，则可全面得到桩基附近的局部冲刷情况。

4.5　河床断面测量

河床断面可利用回声测深仪进行测量，测量过程如图 4-2 所示，在河床地形测量固定断面上，A 为船台，C 为岸台，B 为对岸船停靠点。船由 A 向 B 航行（A、B、C 3 点在同一条测量轴线上），通过测量 CA、CB 的距离，可以求出河道宽度 AB。在航行过程中，每隔一定间隔（如 2m、1m、0.5m 等）读出水深数据，这些数据被实时显示，并存储起来，船到 B 点后，可绘出 AB 段航线的河道断面图。

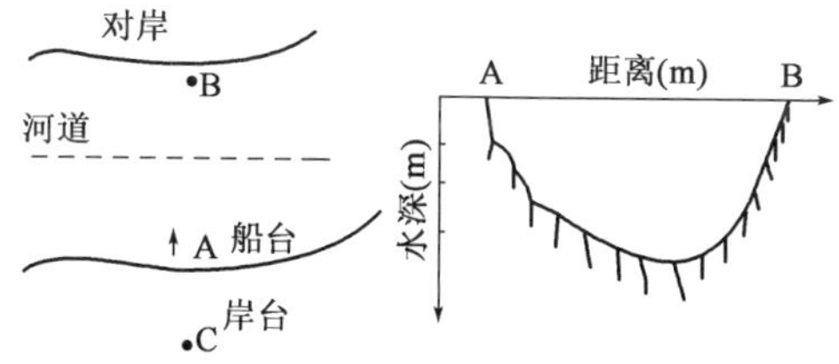

图 4-2　回声测深仪测量河床断面过程示图

4.6 水质分析

分析水对桥梁基础腐蚀的作用可按《岩土工程勘察规范(2009 年版)》(GB 50021—2001)中水和土腐蚀性评价标准进行评定,其评价标准如下。

(1)环境类型分类,见表 4-1。

环境类型分类　　表 4-1

环境类型	场地环境地质条件
Ⅰ	高寒区、干旱区直接临水;高寒区、干旱区含水率 $\omega \geqslant 10\%$ 的强透水土层或含水率 $\omega \geqslant 20\%$ 的弱透水层
Ⅱ	湿润区直接临水;湿润区含水率 $\omega \geqslant 20\%$ 的强透水层或含水率 $\omega \geqslant 30\%$ 的弱透水层
Ⅲ	高寒区、干旱区含水率 $\omega < 20\%$ 的弱透水土层或含水率 $\omega < 10\%$ 的强透水层;湿润区含水率 $\omega \leqslant 30\%$ 的弱透水层或含水率 $\omega < 20\%$ 的强透水层

注:1. 高寒区是指海拔高度等于或大于 3000m 的地区;干旱区是指海拔高度小于 3000m,干燥度指数 K 等于或大于 1.5 的地区;湿润区是指干燥度指数 K 值小于 1.5 的地区。

2. 强透水层是指碎石土、砾砂、粗砂、中砂和细砂;弱透水层是指粉砂、粉土和黏性土。

3. 含水率 $\omega < 3\%$ 的土层,可视为干燥土层,不具有腐蚀环境条件。

4. 当有地区经验时,环境类型可根据地区经验划分;当同一场地出现两种环境类型时,应根据具体情况选定。

(2)按环境类型水和土对混凝土结构的腐蚀性评价,见表 4-2。

按环境类型水和土对混凝土结构的腐蚀性评价　　表 4-2

腐蚀性等级	腐蚀介质	环境类型		
		Ⅰ	Ⅱ	Ⅲ
弱	硫酸盐含量 SO_4^{2-} (mg/L)	250 ~ 500	500 ~ 1500	1500 ~ 300
中		500 ~ 1500	1500 ~ 1300	3000 ~ 6000
强		>1500	>3000	>6000
弱	镁盐含量 Mg^{2+} (mg/L)	1000 ~ 2000	2000 ~ 3000	3000 ~ 4000
中		2000 ~ 3000	3000 ~ 4000	4000 ~ 5000
强		>3000	>4000	>5000
弱	铵盐含量 NH_4^+ (mg/L)	100 ~ 500	500 ~ 800	800 ~ 1000
中		500 ~ 800	800 ~ 1000	1000 ~ 1500
强		>800	>1000	>1500
弱	苛性碱含量 OH^- (mg/L)	35000 ~ 43000	43000 ~ 57000	57000 ~ 70000
中		43000 ~ 57000	57000 ~ 70000	70000 ~ 100000
强		>57000	>70000	>100000
弱	总矿化度 (mg/L)	10000 ~ 20000	20000 ~ 50000	57000 ~ 70000
中		20000 ~ 50000	50000 ~ 60000	60000 ~ 70000
强		>50000	>60000	>70000

注:1. 表中数值适用于有干湿交替作用的情况;无干湿交替作用时,表中数值应乘以 1.3 的系数。

2. 表中数值适用于不冻区(段)的情况;对冰冻区(段),表中数值应乘以 0.8 的系数,对微冰冻区(段)应乘以 0.9 的系数。

3. 表中数值适用于水的腐蚀性评价;对土的腐蚀性评价,应乘以 0.15 的系数;单位以 mg/kg 表示。

4. 表中苛性碱(OH^-)含量(mg/L)应为 NaOH 和 KOH 中的 OH^- 含量(mg/L)。

(3)水和土对钢筋混凝土结构中钢筋的腐蚀性评价,见表4-3。

水对钢筋混凝土结构中钢筋的腐蚀性评价 表4-3

腐蚀性等级	水中Cl^-含量(mg/L)	
	长期浸水	干湿交替
弱	>5000	100~500
中	—	500~5000
强	—	>5000

注:当水中或土中同时存在氯化物和硫酸盐时,表中的Cl^-含量是指氯化物中的Cl^-与硫酸盐折算后的Cl^-之和,即Cl^-含量$=Cl^- + SO_4^{2-} \times 0.25$。单位分别为mg/L和mg/kg。

(4)水对钢结构的腐蚀性评价,见表4-4。

水对钢结构腐蚀性评价 表4-4

腐蚀性等级	pH值,($Cl^- + SO_4^{2-}$)含量(mg/L)
弱	3~11,<500
中	3~11,≥500
强	<3,任何浓度

注:1.表中系指氧能自由溶入的水和地下水。
2.本表亦适用于钢管道。
3.如水中的沉淀物中有褐色絮状物沉淀(铁)、悬浮物中有褐色生物膜、绿色丛块,或有硫化氢,应做铁细菌、硫酸盐还原菌的检查,查明有无细菌腐蚀。

在对河流的水质状况进行分析取样时,需要考虑河流潮汐变化对水质的影响,对于存在潮汐变化的河流,一般考虑在涨潮、高平潮、退潮和低平潮四个时段分别取样进行水质分析。

4.7 本章小结

目前水下基础检测仍然是桥梁检测中的难点。深水、浑浊、水流不稳定的水域,检测尤为困难,仅外观检测很多区域都无法实现,为桥梁安全带来了很大的隐患。本章提出的水下基础检测内容及要求是基于目前已有的检测技术和手段的,希望随着技术的进步,水下基础病害检测内容能更加丰富和准确,以有效评价其承载状态。

第 5 章　基于模态法的水下基础损伤识别新技术

本章提出了一种基于动力特征识别的桥梁基础损伤识别分析理论。研究首先利用有限元技术手段建立多种形式的梁桥以及斜拉桥模型，针对全桥固有频率、模态曲率以及模态柔度位移等多种动力指纹构成形式，得到不同动力指纹与基础损伤程度之间的定量关系特征以及对基础损伤变化的敏感性，从理论上验证所提出的基于模态的桥梁基础损伤识别方法的可行性、准确性。进而利用对比分析给出各个动力指纹识别对基础损伤的适用范围以及不同监测构件(如主梁还是桥塔)的识别敏感性。最后通过对杭州湾北航道桥的两次动力特性的实测数据分析，特别对不同阶数的自振频率与振型形态进行对比，演示了本章提出的理论识别方法在实际桥塔冲刷检测中的应用方法，并验证了动力特性变化与桥塔/桥墩冲刷发展的关联性与敏感性，同时给出该方法在使用过程中识别参数选择上的一些建议。该方法具有设备简单、操作安全、可靠度高、数据真实和汇总容易等优点，在理论上可行、技术上完备，具有较好的研究意义。该方法不仅适用于桥梁基础冲刷识别，同样还适用于桥梁基础其他损伤形式的识别。

5.1　模态法概述

损伤识别技术是进行结构使用状态评估的基础，损伤识别技术的研究早在 20 世纪 40 年代就已经开始。利用染色渗透、X 射线、β 射线、光干涉、超声波和电磁学监测等技术对结构的某些局部部位进行定期检查，但只能检测结构表面或附近的损伤，难以预测预报结构整体性能退化。近二十年来，随着传感器技术、通信技术和测试技术的发展，出现了全局损伤识别技术，为解决大型复杂结构的整体损伤识别问题提供了新的途径。基于振动的损伤识别是其中比较成熟的一种方法。任何结构都可以看作是由刚度、质量、阻尼等物理参数组成的力学系统，结构一旦出现损伤，会引起结构参数变化，从而改变结构的动力特性。而动力特性的变化可以通过现场的动力试验测量得到。基于振动的损伤识别技术正是基于以上原理，利用测量结构动力特性的变化来诊断结构的损伤。基于振动的结构损伤识别方法需要解决以下四个问题：判断结构是否损伤；确定结构的损伤位置；定量结构的损伤程度；预测结构的剩余寿命。一般来说，第一个问题比较简单，第四个问题涉及断裂力学、疲劳寿命分析以及结构设计评价等问题，需要综合分析评价，也比较困难。目前提出的损伤识别方法主要针对第二和第三个问题，大致可以分为以下几类：基于固有频率的损伤识别方法、基于振型的损伤识别方法、基于位移和应变类参数的损伤识别方法、基于刚度阵和柔度阵的损伤识别方法、基于模型修正的损伤识别方法、基于计算智能的损伤识别方法、基于小波分析的损伤识别方法以及基于概率统计信息的损伤识别方法等。

固有频率是结构模态参数中最容易获得的一个参数,而且测试精度高。结构发生损伤会导致频率的降低,这一现象直接推动了与频率相关的敏感参数在结构损伤识别中的应用。Cwalye 和 AdamS 指出结构发生损伤后的任意二阶频率改变量之比仅是破损位置的函数,而与损伤大小无关。Stubbs 等通过单元损伤指标的灵敏度分析,使用广义逆方法进行了结构损伤定位研究。Heam 等指出,结构损伤后,各阶频率变化采用与最大频率变化归一化后任意两阶频率变化的比值,是结构损伤位置的函数。Penn 等对结构的各种损伤情况进行了数值模拟,计算出由于模拟损伤引起的结构频率变化。Salawu 指出基于固有频率的损伤识别方法对结构的常规评估是有用的,但也存在一些局限性。应用频率进行损伤识别,当损伤发生在低应力区域时可能是不可靠的。

虽然振型的测试精度低于固有频率,但振型包含了更多与结构状态有关的信息。相对频率而言,振型的变化对损伤较为敏感,而且用此方法可方便地确定损伤的位置。West 最早使用振型信息对结构损伤定位进行系统研究,通过模态保证准则(MAC)来确定振型数据在损伤前后的相关性水平,在振型数据分块的基础上,根据 MAC 的分块计算结果来确定损伤位置。Yuen 等定义了振型、振型斜率的变化率,通过预测变化与实测变化相比较来确定损伤的位置。结果表明振型等模态特征参数虽具有明确的联系损伤位置和损伤程度的特性,但是位移特征向量仅在固定端至损伤处的区域才有明显变化。

人工神经网络理论是 20 世纪 80 年代中后期迅速发展起来的一个前沿研究领域。它的主要特征为网络的全局使用、大规模并行分布处理、高度的容错性及学习联想能力。Karkegaard 和 Rytter 利用损伤前后的频率变化,将 BP 网络用于钢梁的损伤定位和损伤程度的确定;Wu 等利用神经网络的自组织、自学习能力,提出了一种基于傅立叶谱的损伤识别方法;Kaminski 则比较了分别采用自振频率、频率变化量以及正则化的频率变化率用于网络损伤识别的有效性。

遗传算法(GA)是模拟自然界生物进化过程与机制求解问题的一类自组织与自适应的人工智能技术,与常规的数学方法相比,它具有高度的自适应性、鲁棒性和并行性,而且对于包含非确定性的信息以及噪声的信息也有一定的处理能力。Friswell 等用遗传算法处理振动参数,完成了平板和悬臂梁的损伤识别,但他们的工作仅限于最多两个部位发生破损的情况,而且需要的测试信息较多。Koh 等用遗传算法识别了包含 50 个自由度结构中的 52 个未知参数。当用于计算的模态数据减少时,由残余力向量构造的目标函数不能够提供足够的信息以获得准确的损伤识别结果。Mares 和 Surace 首先将遗传算法引入结构的损伤识别研究,在常规模态分析理论的基础上,构造了基于二进制编码方案的目标函数。Chiang 和 Lai 使用模态残余力确定结构损伤的可能位置。Chou 等利用少数测试节点的静力位移的计算值和实测值的差值构造了遗传算法的目标函数。易伟建、刘霞等引入遗传算法处理振动参数,提出了多父体变量级杂交和变量微调等新的改进策略,并运用于固端梁的损伤诊断,取得了满足工程要求的结果。

5.2　基于模态法的桥塔基础损伤识别方法

5.2.1　基于固有频率变化的桥塔基础冲刷识别

损伤后的基本运动方程:

$$[(\boldsymbol{K}+\Delta\boldsymbol{K})-(\omega^2+\Delta\omega^2)M](\boldsymbol{\varphi}+\Delta\boldsymbol{\varphi})=0 \tag{5-1}$$

将 $\boldsymbol{\varphi}^{\mathrm{T}}$同时左乘在式(5-1)两边并将其展开,忽略二阶小量,则式(5-1)变为:

$$\Delta\omega^2=(\boldsymbol{\varphi}^{\mathrm{T}}\Delta\boldsymbol{K}\boldsymbol{\varphi})/(\boldsymbol{\varphi}^{\mathrm{T}}M\boldsymbol{\varphi}) \tag{5-2}$$

将结构整体刚度矩阵[$\boldsymbol{K}$]分解为单元刚度矩阵[$\boldsymbol{K}_{\mathrm{N}}$],[$\Delta\boldsymbol{K}_{\mathrm{N}}$]表示第 N 个单元的刚度变化,则有 $\Delta\boldsymbol{K}=\sum\limits_{\mathrm{N}}\Delta\boldsymbol{K}_{\mathrm{N}}$;从结构振型求第 N 个单元的变形 $\varepsilon_{\mathrm{N}}(\boldsymbol{\varphi})=f(\boldsymbol{\varphi})$,在第 i 阶模态下,有式(5-3)。

$$\boldsymbol{\varphi}_i^{\mathrm{T}}\Delta\boldsymbol{K}\boldsymbol{\varphi}_i=\sum_{m=1}^{M}\boldsymbol{\varepsilon}_m^{\mathrm{T}}(\boldsymbol{\varphi}_i)\Delta\boldsymbol{K}_m\boldsymbol{\varepsilon}_m(\boldsymbol{\varphi}_i) \tag{5-3}$$

其中 $\boldsymbol{M}$ 代表单元总数,则有式(5-4)。

$$\Delta\omega_i^2=\left[\sum_{j=1}^{J}\boldsymbol{\varepsilon}_j^{\mathrm{T}}(\boldsymbol{\varphi}_i)\Delta\boldsymbol{K}_j\boldsymbol{\varepsilon}_j(\boldsymbol{\varphi}_i)\right]/(\boldsymbol{\varphi}_i^{\mathrm{T}}\boldsymbol{M}\boldsymbol{\varphi}_i) \tag{5-4}$$

其中 J 代表损伤单元总数,对于单损伤情况,引入单元损伤程度指标 α_{N},有式(5-5)。

$$\Delta\omega_i^2=[\alpha_{\mathrm{N}}\boldsymbol{\varepsilon}_{\mathrm{N}}^{\mathrm{T}}(\boldsymbol{\varphi}_{\mathrm{N}})\Delta\boldsymbol{K}_{\mathrm{N}}\boldsymbol{\varepsilon}_{\mathrm{N}}(\boldsymbol{\varphi}_i)]/(\boldsymbol{\varphi}_i^{\mathrm{T}}\boldsymbol{M}\boldsymbol{\varphi}_i) \tag{5-5}$$

联立未损伤状态基本运动方程$(\boldsymbol{K}-\omega^2\boldsymbol{M})\varphi=0$ 可得式(5-6)。

$$FCR_i=\frac{\Delta\omega_i}{\omega_i}=\sqrt{\frac{\boldsymbol{\varphi}_i^{\mathrm{T}}\Delta\boldsymbol{K}\boldsymbol{\varphi}_i}{\boldsymbol{\varphi}_i^{\mathrm{T}}\boldsymbol{K}\boldsymbol{\varphi}_i}}=\sqrt{\frac{\alpha_{\mathrm{N}}\boldsymbol{\varepsilon}_{\mathrm{N}}^{\mathrm{T}}(\boldsymbol{\varphi}_{\mathrm{N}})\Delta\boldsymbol{K}_{\mathrm{N}}\boldsymbol{\varepsilon}_{\mathrm{N}}(\boldsymbol{\varphi}_i)}{\boldsymbol{\varphi}_i^{\mathrm{T}}\boldsymbol{K}\boldsymbol{\varphi}_i}} \tag{5-6}$$

从式(5-6)可以看出,频率变化率与位置(单元 N)和单元损伤的程度相关,若结构损伤位置已知时,理论上可建立结构频率变化与损伤程度之间的对应关系。对于桥梁结构的基础冲刷问题,可认定结构损伤位置在墩台基础处,即在理论上可建立墩台基础冲刷深度与频率变化率之间的对应关系。

5.2.2 基于振型模态的桥塔基础冲刷识别

由于固有频率信息并不包含准确的位置信息,而在结构损伤后结构的模态及应变模态不仅与结构损伤程度有着理论上的对应关系,还在一定程度上包含着损伤位置的空间信息。Allemang和 West 等人提出模态保证准则 MAC(Modal Assurance Cretiria)的概念,以此来衡量结构损伤前后某一振型的变化。West 对实测振型数据进行模态保证准则计算,计算结构损伤前后振型的相关性,然后对振型数据进行分块,根据模态保证准则的计算结果识别损伤位置。在此研究基础上,Lieven 和 Ewins 进一步提出坐标模态保证准则 COMAC(Coordinate Modal Assurance Criteria),坐标模态保证准则的计算结果在 0 到 1 之间,坐标模态振型相关度越小,COMAC值越小表明结构损伤程度越大。当实际测点或有限元模型节点划分不够密集时,计算的 MAC 值将十分接近 1,单只损伤识别仅停留在理论角度,缺乏实际的应用前景。

根据 Allemang 和 West 等人的模态保证准则 MAC 理论可得式(5-7)。

$$\mathrm{MAC}(i)=\frac{(\boldsymbol{\varphi}_i^{\mathrm{T}}\boldsymbol{\varphi}_{\mathrm{d}i})^2}{(\boldsymbol{\varphi}_i^{\mathrm{T}}\boldsymbol{\varphi}_i)(\boldsymbol{\varphi}_{\mathrm{d}i}^{\mathrm{T}}\boldsymbol{\varphi}_{\mathrm{d}i})} \tag{5-7}$$

其中,$\boldsymbol{\varphi}_{\mathrm{d}i}$为结构损伤后的第 i 阶振型的模态向量;$\boldsymbol{\varphi}_i$ 为结构损伤前的第 i 阶振型的模态向量。

有关模态保证准则的统计学意义,在此做出如下解释。模态保证准则的数学原型为计算两组向量之间夹角大小的夹角余弦法,也称相和系数,表达式为式(5-8)。

$$\mathrm{sim}(x,y) = \cos(x,y) = \frac{\vec{x}\cdot\vec{y}}{\|\vec{x}\|\ \|\vec{y}\|} = \frac{\sum_{i=1}^{n} x_i \cdot y_i}{\left(\sum_{i=1}^{n} x_i^2 \cdot \sum_{i=1}^{n} y_i^2\right)^{1/2}} \tag{5-8}$$

余弦相似度(Cosine Similarity)更加注重两个向量在方向上的差异,而非距离或长度上。一般在使用前需要对向量中的各元素进行无量纲化处理,使各元素都为正,这时夹角余弦的取值范围为[0,1],取值越大表明两向量夹角越小,两者越接近,值为1时,两向量完全相同。另外,夹角余弦规范化了向量的长度,这意味着在计算相似度时,不会放大数组中决定性元素的作用。而通常在结构动力学中使用的振型向量往往根据质量进行归一化,向量各元素的大小仅代表各节点之间位移的相对大小,这恰好和夹角余弦法的要求契合。

若已获得 m 阶模态,要判定模态向量在某个自由度上的相关性水平,相应的定义为结构损伤后的第 i 阶振型的模态向量在 q 自由度上的分量,坐标模态保证准则 COMAC 的计算公式如式(5-9)所示。

$$\mathrm{COMAC}(q) = \frac{\sum_{i=1}^{m} \{\boldsymbol{\varphi}(q)_i^{\mathrm{T}} \boldsymbol{\varphi}(q)_{\mathrm{d}i}\}^2}{\{\sum_{i=1}^{m} \boldsymbol{\varphi}(q)_i^{\mathrm{T}} \boldsymbol{\varphi}(q)_i\} \sum_{i=1}^{m} \{\boldsymbol{\varphi}(q)_{\mathrm{d}i}^{\mathrm{T}} \boldsymbol{\varphi}(q)_{\mathrm{d}i}\}} \tag{5-9}$$

5.2.3　基于主梁模态曲率的桥塔基础冲刷识别

基于模态的曲率法通常对于一维梁式结构进行损伤检测分析,初等梁在受弯的过程中,中性层的曲率与抗弯刚度与弯矩之间的关系如式(5-10)所示。

$$\omega'' = \frac{M}{EI} \tag{5-10}$$

式中,ω 为梁的线位移;M 为弯矩;EI 为梁的抗弯刚度。当某一区域存在损伤时,则局部抗弯刚度降低,曲率增大。因此可以利用损伤前后曲率的变化情况进行损伤程度识别和位置分析。通常通过模态分析得到振型,再通过振型的适当变化得到模态曲率。

位移模态的形式如式(5-11)所示。

$$y(x,t) = \sum \varphi_i(x) q_i(t) \tag{5-11}$$

其中,$\varphi_i(x)$ 和 $q_i(t)$ 分别表示梁的模态坐标和时间进程。

而一维梁式结构的曲率曲线公式如式(5-12)所示。

$$k = \frac{y''}{(1 - y'^2)^{0.5}} \tag{5-12}$$

结合以上两式,可以得到振型曲率 φ''_i。在实际测量中可以通过以下两种方法得到曲率模态:一种是通过测量梁截面上的应变,通过材料力学中应变与截面曲率之间的关系得到测点截面处的曲率;另一种是得到位移模态之后,用差分公式进行近似计算[式(5-13)]。

$$\varphi''_{\mathrm{q},i} = \frac{\varphi_{\mathrm{q},i+1} - 2\varphi_{\mathrm{q},i} + \varphi_{\mathrm{q},i-1}}{h^2} \tag{5-13}$$

式中，下标 i 为第 i 个测点；h 为两个相邻测点之间的距离；q 为第 q 阶模态。

但在实际测量中测点的间距往往不同，或者在有限元的单元划分时，节点的间距有时也不尽相同，故需对式(5-13)进行修正，如式(5-14)所示。

$$\varphi_{q,i}=\frac{\dfrac{y_q(i+1)-y_q(i)}{h_i}-\dfrac{y_q(i)-y_q(i-1)}{h_{i-1}}}{\dfrac{h_i+h_{i-1}}{2}}=\frac{2}{h_i+h_{i-1}}\left[\frac{y_q(i+1)-y_q(i)}{h_i}-\frac{y_q(i)-y_q(i-1)}{h_{i-1}}\right] \tag{5-14}$$

同样的，h_i、h_{i-1} 分别为测点之间的间距或者有限元单元之间的间距；$y_q(i)$ 为第 i 个测点的实测模态位移。

损伤前后的模态曲率差如式(5-15)所示。

$$\Delta\boldsymbol{\varphi}''=\boldsymbol{\varphi}''_{q,i}-\boldsymbol{\varphi}''_{q,di} \tag{5-15}$$

式中，$\boldsymbol{\varphi}''_{q,i}$ 和 $\boldsymbol{\varphi}''_{q,di}$ 分别代表由差分计算求得的梁损伤前和损伤后曲率模态矩阵。

5.2.4 基于柔度位移的桥塔基础冲刷识别

基于柔度的位移方法主要用动态测量结构柔度矩阵来代替损伤的方法来估计结构静态特性的变化。柔度矩阵即刚度矩阵的逆矩阵，用于反映施加的静态力与结构位移的关系。在柔度矩阵中，每一竖列的数值大小代表在某一点施加荷载时，结构上各点的位移值。所需测量的柔度矩阵可以利用相对质量矩阵进行标准化处理的振型矩阵。如式(5-16)所示。

$$(\boldsymbol{K}-\omega^2\boldsymbol{M})\boldsymbol{\varphi}=0 \tag{5-16}$$

其中，$\boldsymbol{K}$ 代表刚度矩阵，ω 代表频率，$\boldsymbol{M}$ 代表质量矩阵，$\boldsymbol{\varphi}$ 代表振型向量。

现令 $[\boldsymbol{\Lambda}]=\begin{bmatrix}\omega_1^2 & & & \\ & \omega_2^2 & & \\ & & \ddots & \\ & & & \omega_n^2\end{bmatrix}$

则无阻尼自由振动的运动特征方程可以表示为式(5-17)。

$$\boldsymbol{K}\varphi=\boldsymbol{M}\varphi\boldsymbol{\Lambda} \tag{5-17}$$

在上述等式两边左乘 $\boldsymbol{\varphi}^{\mathrm{T}}$，则有式(5-18)。

$$\boldsymbol{\varphi}^{\mathrm{T}}\boldsymbol{K}\boldsymbol{\varphi}=\boldsymbol{\varphi}^{\mathrm{T}}\boldsymbol{M}\boldsymbol{\varphi}\boldsymbol{\Lambda} \tag{5-18}$$

若振型向量满足质量归一化条件，即 $\boldsymbol{\varphi}^{\mathrm{T}}\boldsymbol{M}\boldsymbol{\varphi}=\boldsymbol{I}$，$\boldsymbol{I}$ 为单位矩阵，上述公式可以改写为式(5-19)。

$$\boldsymbol{\varphi}^{\mathrm{T}}\boldsymbol{K}\boldsymbol{\varphi}=\boldsymbol{\Lambda} \tag{5-19}$$

将上述公式两边同时取逆，有式(5-20)。

$$(\boldsymbol{\varphi})^{-1}\boldsymbol{K}^{-1}(\boldsymbol{\varphi}^{\mathrm{T}})^{-1}=\boldsymbol{\Lambda}^{-1} \tag{5-20}$$

由于柔度矩阵为刚度矩阵的逆矩阵，则有式(5-21)。

$$\boldsymbol{F}=\boldsymbol{K}^{-1}=\boldsymbol{\varphi}\boldsymbol{\Lambda}^{-1}\boldsymbol{\varphi}^{\mathrm{T}} \tag{5-21}$$

则柔度矩阵为式(5-22)。

$$
\boldsymbol{F} = \begin{bmatrix} \varphi_1^{(1)} & \cdots & \varphi_1^{(n)} \\ \vdots & \ddots & \vdots \\ \varphi_n^{(1)} & \cdots & \varphi_n^{(n)} \end{bmatrix} \begin{bmatrix} \frac{1}{\omega_1^2} & & & \\ & \frac{1}{\omega_2^2} & & \\ & & \ddots & \\ & & & \frac{1}{\omega_n^2} \end{bmatrix} \begin{bmatrix} \varphi_1^{(1)} & \cdots & \varphi_1^{(n)} \\ \vdots & \ddots & \vdots \\ \varphi_n^{(1)} & \cdots & \varphi_n^{(n)} \end{bmatrix}^{\mathrm{T}} \tag{5-22}
$$

由式(5-23)可以看出,柔度矩阵和频率平方的倒数成正比,随着频率值的上升,柔度矩阵会快速收敛(这里的"收敛"指的是阶数靠后且对应自振频率较高的振型对柔度矩阵的贡献较小,随着考虑阶数的增加,计算所得的柔度矩阵会快速趋向一个值),因此,从若干低阶模态就可以得到精度较好的柔度矩阵。

Pandy 等人认为局部柔度的变化可以反映结构的局部损伤,提出了柔度差指标,即用损伤前后结构的柔度矩阵差来识别结构损伤。柔度差矩阵为式(5-23)。

$$
[\Delta \boldsymbol{F}] = [\boldsymbol{F}_d] - [\boldsymbol{F}] \tag{5-23}
$$

识别结构的损伤可以利用柔度位移变化矩阵每一列的最大值 δ 来实现,损伤的程度可以由 δ 的大小来反映,但由于主梁节点数往往较多,这种方法计算量很大。且柔度矩阵为一方阵,矩阵之间直接比较大小没有实际意义。故在得到了柔度矩阵以后,最终作为识别参数的位移曲线可以通过在所有自由度上施加单位荷载来得到。该识别参数可以在考虑多阶振型的基础上,反映结构的刚柔分布特性,由于对振型矩阵进行了标准化处理,因此该位移曲线的峰值具有一定的表现结构柔度的能力,可与其他冲刷情况下的数值进行比较。

5.3　基于模态的索塔桩基刚度损伤识别研究

5.3.1　有限元模型建立

舟山大陆连岛工程位于浙江省东北部的东海海域,连接舟山、宁波两市。金塘大桥是舟山大陆连岛工程中规模最大的跨海特大桥,如图 5-1 所示,连接舟山市金塘岛和宁波市镇海区。大桥按四车道高速公路设计,设计时速 100km/h,路基宽度 26m,其中,主通航孔桥为 77m + 218m + 620m + 218m + 77m 的 5 跨连续钢箱梁斜拉桥,桥型布置如图 5-2 所示。索塔基础采用 42 根下部直径 2.5m、上部直径 2.85m 的变截面钻孔灌注桩,且上部桩基保留施工阶段 25mm 厚度的永久桩基钢护筒。D3 索塔下桩基露在海床以上部分的长度约为 20m。承台采用实体钢筋混凝土圆端形构造,平面尺寸为 56.78m × 34.02m,厚 6.5m,承台上设厚 2.5m 的塔座。索塔为 A 形,断面采用空心变截面,塔柱总高度为 201.5m,其中上塔柱为 68.5m,中塔柱为 92.0m,下塔柱为 41.0m,D3 索塔构造如图 5-3 所示。大桥跨越灰鳖洋,属于外海海域,作用水流为复杂的往复流,台风暴雨频繁,自然环境恶劣。金塘大桥工程所在的海域主要地貌单元分布如图 5-4 所示。

图 5-1　金塘大桥效果图

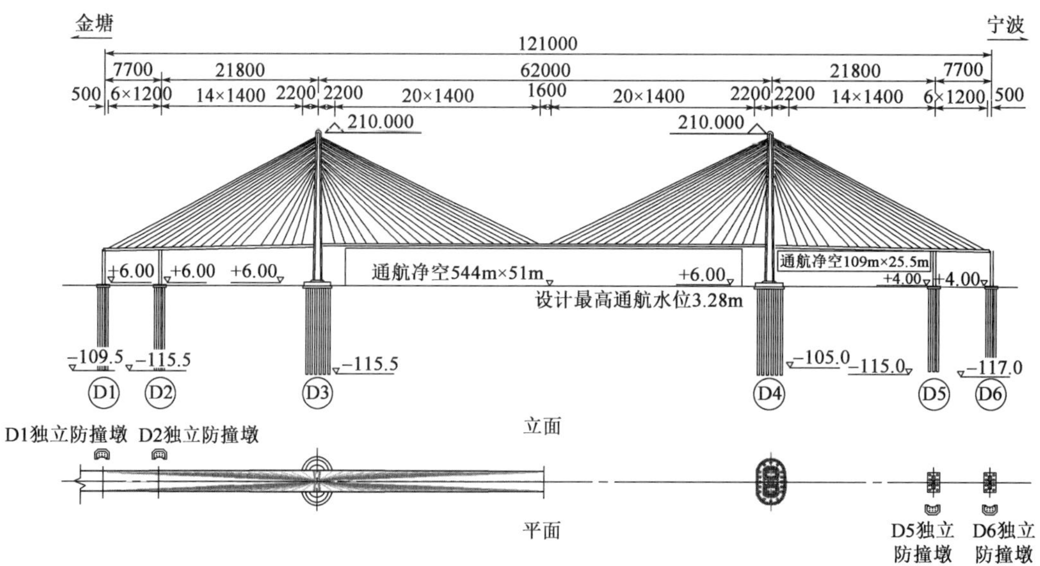

图 5-2　主通航孔桥桥型布置图(尺寸单位:cm)

采用 ANSYS14.5 建立 D3 索塔整体模型。塔柱及塔柱横梁采用 BEAM189 单元模拟,塔座、承台和桩基采用 SOLID65 单元模拟。BEAM189 单元是基于一阶剪切变形的铁木辛柯梁理论(Timoshenko Beam Theory)的二次位移函数三节点三维梁单元,每一个节点默认有 6 个自由度。BEAM189 单元通过定义截面来赋予其几何外形,因而方便建立变截面索塔的几何外形。ANSYS 建议该类型梁适用长细比(Slenderness Ratio)$GAL^2/(EI)>30$ 的结构,其中 G 为剪切模量,A 为梁截面面积,L 为梁结构构件的长度(而不是梁单元的长度),EI 为抗弯刚度。SOLID65单元是 ANSYS 提供的专门用于钢筋混凝土结构分析的 8 节点六面体单元,每一个节点有 3 个平移自由度。

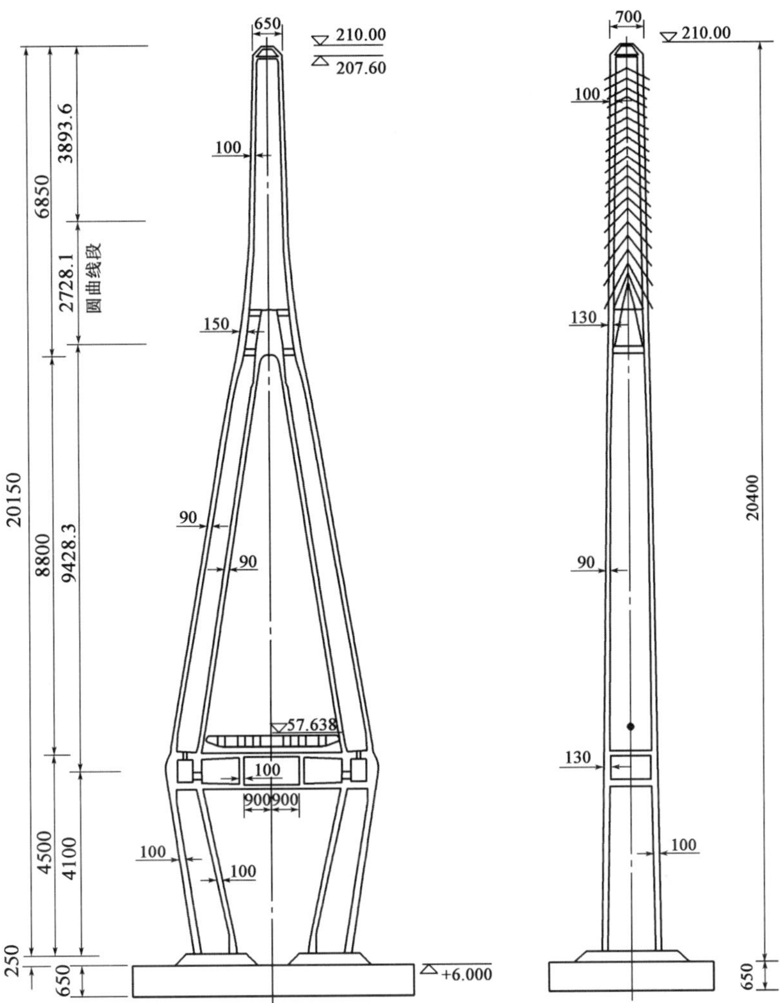

图 5-3　金塘大桥主通航孔桥索塔构造(尺寸单位:mm)

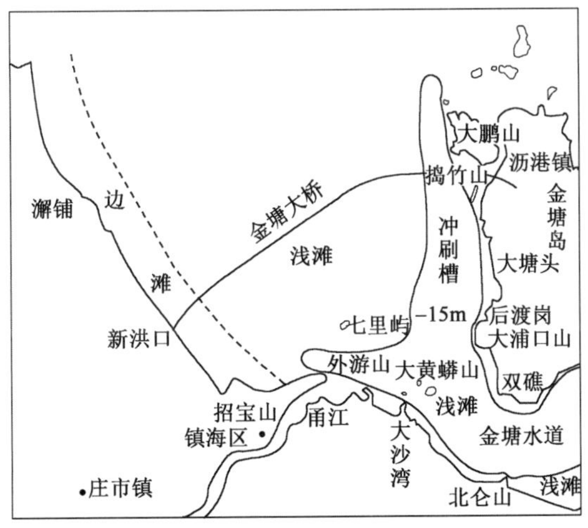

图 5-4　金塘大桥工程所在海域的主要地貌单元分布

由于模态分析属于线性分析(任何非线性特性,如塑性,即使定义了也会被程序自动忽略),因此模型的材料属性采用线弹性各向同性(Linear Elastic, Isotropic),并忽略 D3 索塔结构中的所有钢筋的作用。D3 索塔结构各部分的材料及其参数见表 5-1。

D3 索塔各部分材料及其参数 表 5-1

部位	材料	材料参数		单元类型
		弹性模量 E(MPa)	密度 ρ(kg/m^3)	
塔柱、横梁	C50	3.45×10^4	2600	BEAM189
塔座				SOLID65
承台	C35	3.15×10^4	2500	SOLID65
桩基				SOLID65

为保证有限元模拟计算的准确性,同时控制计算时间,本书对整体模型的网格划分均采用规整的六面体网格,其中桩基础、塔座以及承台的两个圆端部分采用扫略网格分网(Sweep),承台的中间部分(正六面体)采用映射网格分网(Mapped)。塔柱及塔柱横梁由于采用梁单元建模,可通过 SECTYPE 命令中的 REFINEKEY 参数来指定网格划分的精细化程度。

桥塔与塔座之间为固结约束。由于桥塔采用梁单元建模,塔座采用实体单元建模,两者为不同类型单元,建立不同类型单元之间的约束可使用 CERIG 命令,以桥塔底部截面处的梁节点作为主节点(Master),以塔座上表面与桥塔底部截面重合范围内的节点作为从节点(Slave),生成刚性区域。塔座下表面与承台上表面之间、承台下表面与桩基接合部位也均为固结约束。因为这些部分均采用实体单元建模,因此可以使用 CP 命令,选取各个固结表面处的节点,生成耦合节点集,以迫使节点集中的节点在同一自由度上保持完全一致的位移,从而达到模拟固结约束的目的。桩基础露在海床以上的部分为 20m,该部分桩基础直径均为 2.85m,桩基础与海床为固结约束,通过定义桩基础底面的约束自由度来模拟模型的边界条件。D3 索塔整体有限元模型如图 5-5 所示,模型的有限单元总数为 16833 个,节点总数为 23438 个。

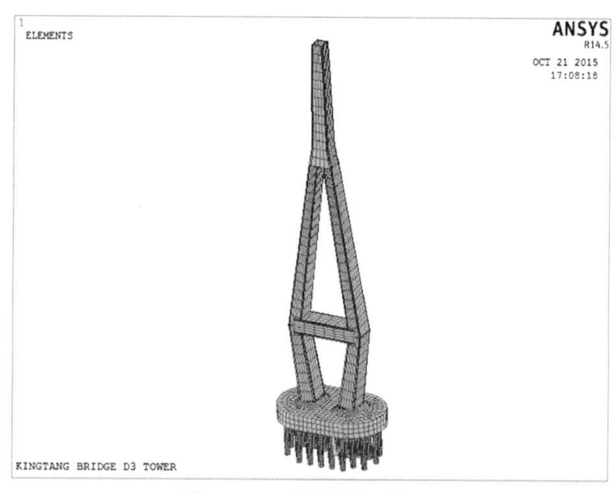

图 5-5 D3 索塔有限元模型

桩基采用六面体扫略网格分网,沿桩基轴向等间距分为 15 个节段,形成 16 层纵坐标(高程)不同的节点。为叙述方便,将这些节点按位置高低的不同,自下而上依次编号,并称为节点0、节点1、节点2……节点15；将节段自下而上一次编号，并称为阶段1、阶段2……阶段15。当然，这里所说的节点并非指有限单元的节点(Node)，而是指沿桩基轴向划分的节段的节点。节点和阶段编号示意图如图5-6所示，桩基础有限元模型如图5-7所示。

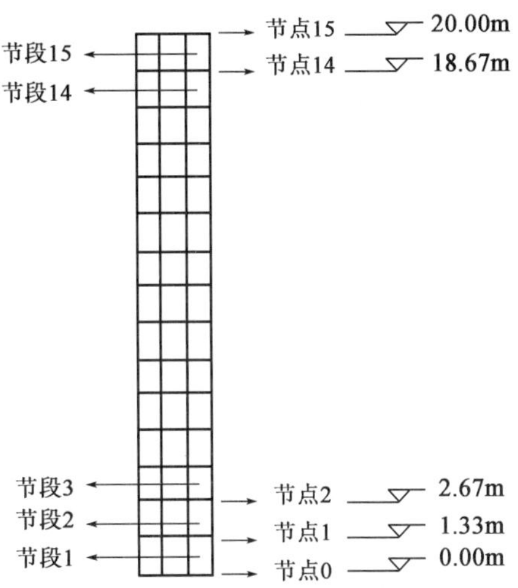

图5-6 桩基节点、阶段编号示意图

金塘大桥主通航孔桥为半漂浮体系斜拉桥，上部结构恒载和活载通过斜拉索以及桥塔横梁上的支座分别传递给上塔柱和横梁，相当于对桥塔施加了预应力，对于高耸结构，竖向预应力效应会改变结构的几何刚度，从而影响结构的振型和频率。有预应力的模态分析可分为两步进行：第一步，建模并打开程序的预应力效应(PSTRESS,ON 命令)，获得静力分析解；第二步，重新进入求解器并获取模态分析解，这一步同样需要打开预应力效应(再用一次 PSTRESS,ON 命令)。

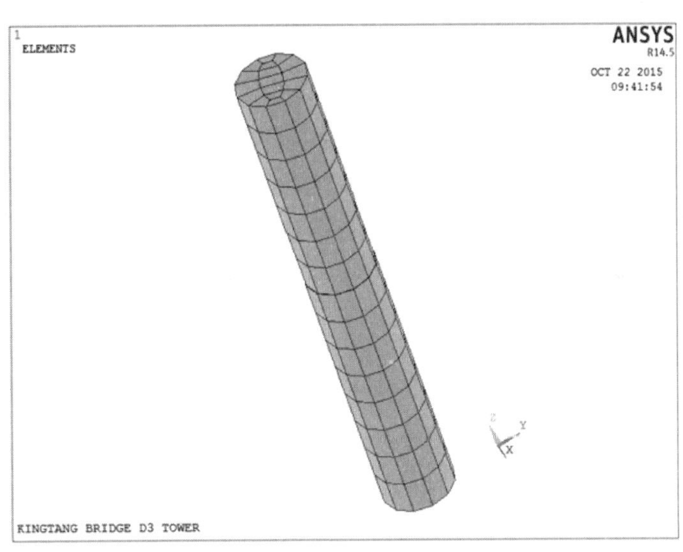

图5-7 桩基有限元模型

取620m梁段的自重，以及其上作用的汽车车道荷载作为施加于D3索塔上的预加力的总和。计算参数按如下取值：

钢箱梁横截面面积：1.2404m^2；

Q235D 钢材自重：76.93kN/m^2；

二期恒载：43.5kN/m；

车道荷载：10.5kN/m；

双向四车道的车道荷载横向折减系数：0.67；

车道荷载的纵向折减系数：0.95。

最终计算得到施加于D3索塔上的预加力总和为102707.32kN。为简化起见，将该预加力以集中力的形式沿着桥塔上塔柱部分施加给等间距分布的10个梁单元节点。索塔的荷载施加情况如图5-8所示，索塔在自重和预加力作用下的变形情况如图5-9所示。

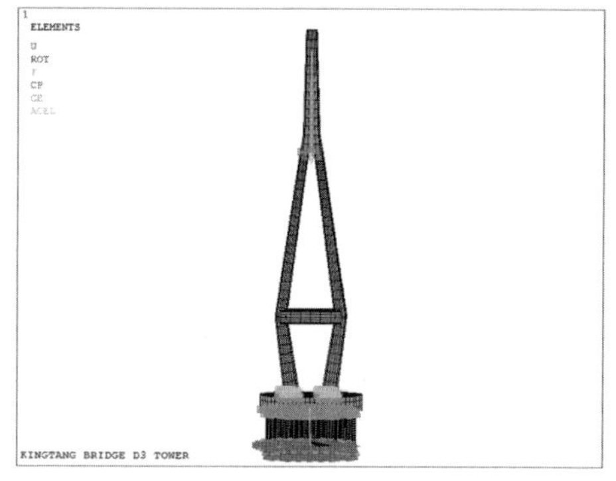

图5-8　D3索塔的重力与预加力

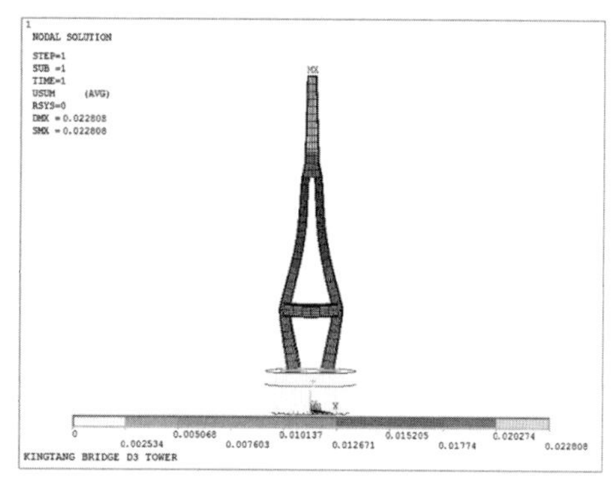

图5-9　D3索塔静力分析结果的变形图

在进行模态分析时，使用默认的分块兰索斯(Block Lanczos)求解器，它提供的是一种求解典型的无阻尼模态分析特征值问题的数值方法，用一组向量实现Lanczos递归计算，这种方法和子空间法一样精确，但速度更快，且该方法自动采用稀疏矩阵方程求解器，对计算机存储要求较低，可用于提取大模型的多阶模态(可达40阶以上)。模态分析结果，即桥塔的前5阶振型如图5-10所示。

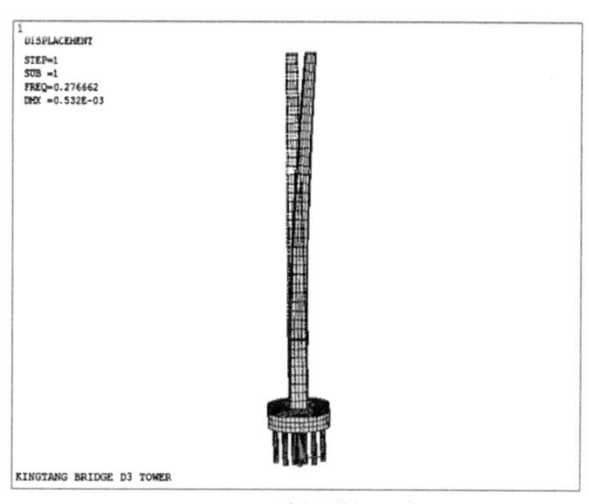

a) 1阶振型

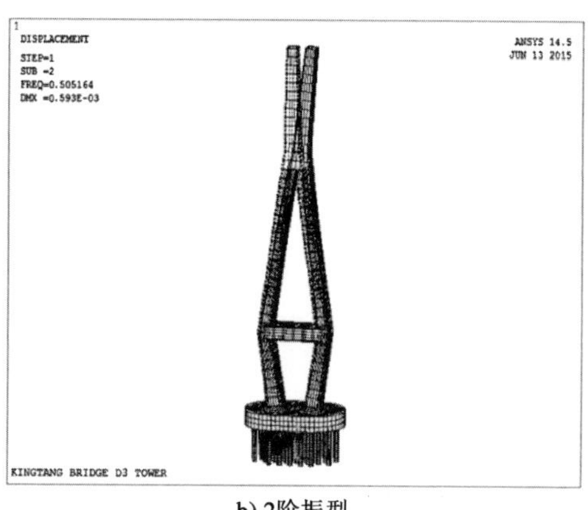

b) 2阶振型

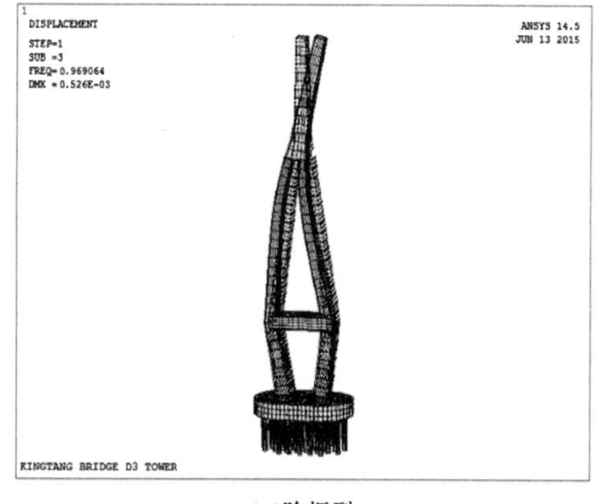

c) 3阶振型

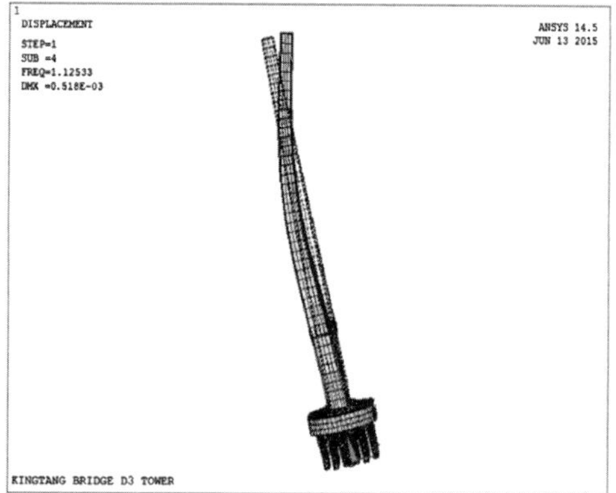

d) 4阶振型

图　5-10

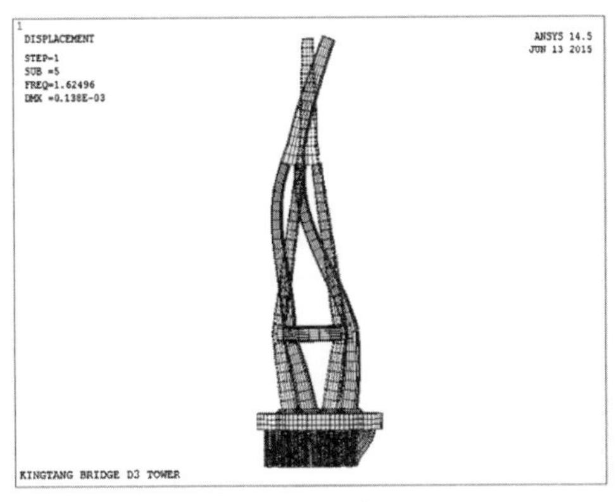

e) 5阶振型

图5-10　D3索塔前5阶振型

从图5-10中可以看出，一阶振型为桥塔整体沿抗弯刚度最弱的顺桥向振动，二阶振型和三阶振型均为桥塔沿抗弯刚度较强的横桥向振动，有限元模型的模态分析结果与结构动力学的理论相符。D3索塔前5阶自振频率见表5-2。

D3索塔前5阶自振频率　　表5-2

模态阶数	频率(Hz)	模态阶数	频率(Hz)
1阶	0.277	4阶	1.125
2阶	0.505	5阶	1.625
3阶	0.969		

5.3.2　桩基损伤模拟试验

无论是钢结构还是钢筋混凝土结构，在海洋环境中受风浪、水质等多种天然因素作用，极易造成结构损伤。跨江海桥梁结构耐久性损伤的最主要原因是钢筋混凝土的腐蚀，尤其是钢筋的锈蚀。它们的共同结果是结构力学性能的劣化，对于桩基结构来说，如果局部钢筋混凝土的腐蚀程度较大，则该处的结构刚度就会发生异常变化，低于结构其他位置的刚度，因此对于有限元模型分析来说，可以通过降低局部单元的弹性模量来模拟这种异常的变化。这种处理方式虽然不能考虑到混凝土以及内部钢筋具体的损伤形式，但却是对各种复杂损伤机理作用结果的平均化处理，从宏观角度讲仍可以代表损伤。

本章为验证常用的动力指纹对桩基损伤识别的效果，仍以D3索塔的21号桩基为研究对象，通过降低桩基局部节段内的有限单元的弹性模量来模拟该节段位置的损伤，设置包括不同损伤程度、不同损伤位置的3种损伤工况，计算损伤发生前后结构的动力指纹并进行对比分析。损伤识别的效果包括对损伤发生位置的识别和损伤程度的识别两个方面。3种损伤工况见表5-3。

桩基损伤工况表　　表5-3

损伤工况	损伤桩单元号及其刚度降低程度
工况1	8号桩单元降低50%
工况2	8号桩单元降低50%，12号桩单元降低10%
工况3	8号桩单元降低50%，12号桩单元降低30%

5.3.3 动力指纹识别结果

(1)频率、振型识别

频率反映的是结构的整体模态信息,一根桩基础发生的损伤无法通过索塔频率反映出来,有限元计算结果表明,在3种损伤工况下,D3索塔的自振频率未发生变化,其数值与给出的数值相同。自振频率指纹无法识别桩基础损伤。图5-11给出了21号桩基在损伤工况1下的振型与无损情况下振型的对比。

由图5-11可以看出21号桩基的振型在损伤发生前后基本保持不变,未能反映出损伤发生的信息,因此振型指纹无法识别桩基础局部刚度退化的损伤情况。图5-12给出的是21号桩基在损伤工况1下的坐标模态可信度准则(Coordinate Modal Assurance Criterion,COMAC)计算值。

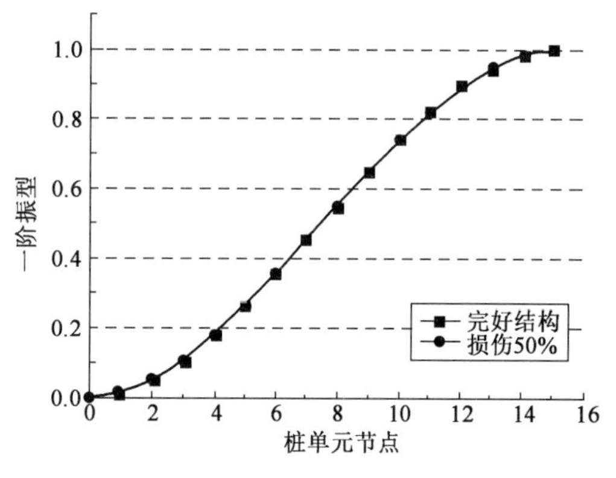

图5-11 工况1振型指纹识别效果

图5-12 损伤工况1下的COMAC

从图5-12中可以看出在桩基础的全部位置,COMAC值均为1,代表没有发生损伤,因此COMAC指纹无法识别桩基础局部刚度退化的损伤情况。

(2)应变模态指纹识别

21号桩基础在无损情况下的前3阶振动情况和振动位移云图如图5-13所示,其中1阶振动沿纵桥向,即Y轴方向振动,2、3阶振动分别沿横桥向,即X轴的正负方向振动。

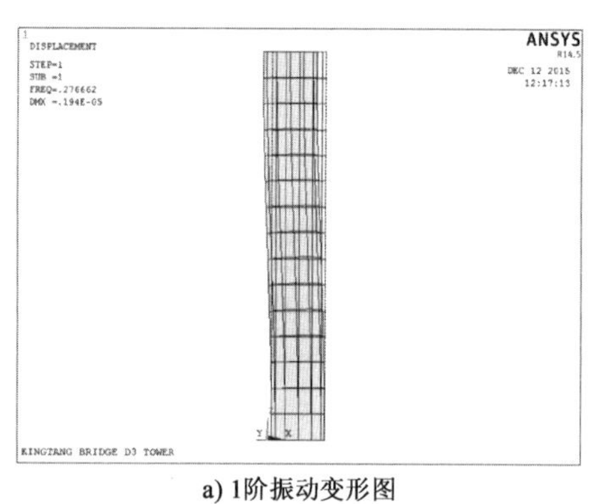

a) 1阶振动变形图

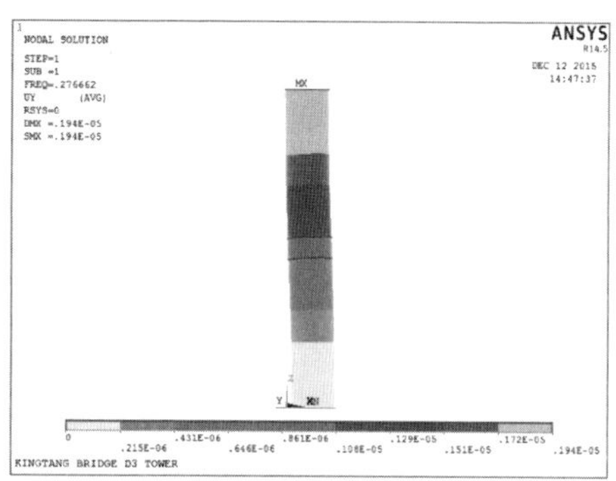

b) 1阶振动UY云图

图 5-13

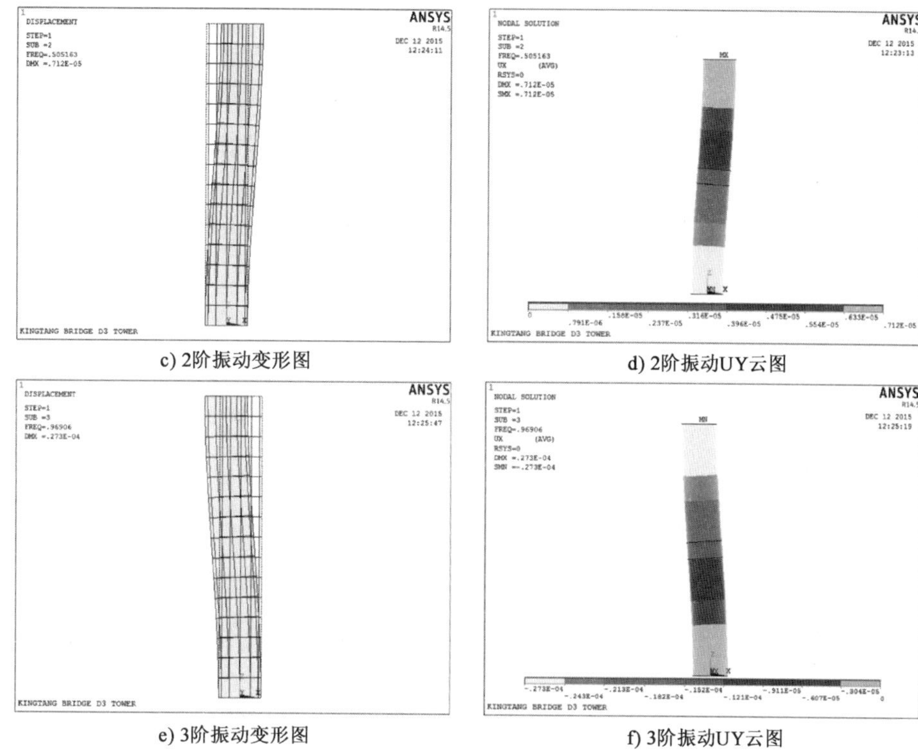

c) 2阶振动变形图　d) 2阶振动UY云图

e) 3阶振动变形图　f) 3阶振动UY云图

图 5-13　完好 21 号桩基的振动变形及位移云图

定义应变模态差值指纹，其表达式为式(5-24)。

$$\Delta\psi_{\varepsilon_u} = \psi_{\varepsilon_u}^{d} - \psi_{\varepsilon_u}^{I} \tag{5-24}$$

其中，ψ_{ε_u}表示桩基内沿轴向分布的若干点处的轴向应变值组成的向量，这些点需满足在平面内的坐标（X、Y坐标）相同，而在桩基轴向（Z方向）等间距分布，上标 d 代表损伤工况下的桩基应变模态，上标 I 代表完好的桩基础应变模态。

对于 1 阶模态，桩基础沿 Y 方向振动，此时桩基础的中性轴为 X 轴，距离中性轴最远的点为桩基础外表面与 Y 轴的交点，该处的轴向应变值变化最明显，因此以该处点的轴向应变值组成应变模态向量；对于 2、3 阶模态，桩基础沿 X 方向振动，此时桩基础的中性轴为 Y 轴，距离中性轴最远的点为桩基础外表面与 X 轴的交点，该处的轴向应变值变化最明显，因此以该处点的轴向应变值组成应变模态向量。

图 5-14 给出了损伤工况 1 下的应变模态与无损结构的前 3 阶应变模态差值。

8 号桩单元（下侧为 7 号节点，上侧为 8 号节点）位于桩基跨中位置，对于 1 阶模态来说，其上的应变值测点位于轴向受压区向轴向受拉区的转换区域，从图 5-14 中可以看出应变模态差值在此处先后出现了一个凹形峰值点和一个凸形峰值点。对于 2 阶模态来说，8 号单元上的应变值测点位于轴向受压区向轴向受拉区的转换区域，从图 5-14 中可以看出应变模态差值在此处先后出现了一个凹形峰值点和一个凸形峰值点。对于 3 阶模态来说，8 号单元上的应变值测点位于轴向受拉区向轴向受压区的转换区域，从图 5-14 中可以看出应变模态差值在此处先后出现了一个凸形峰值点和一个凹形峰值点。

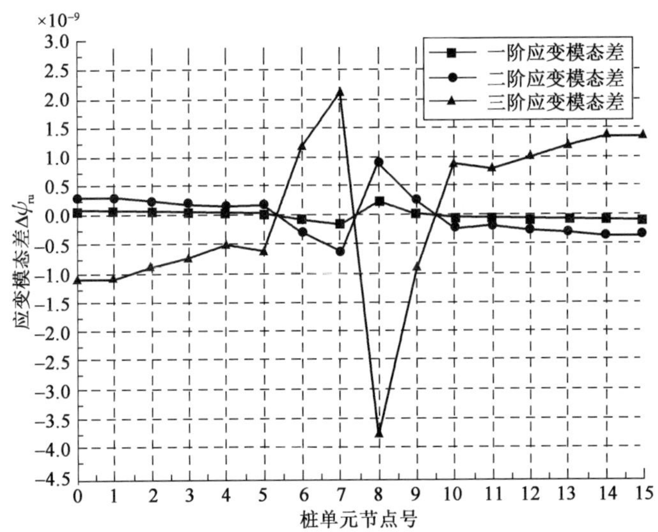

图 5-14　损伤工况 1 下的前 3 阶应变模态差值指纹

图 5-15 给出了损伤工况 2 下的应变模态与无损结构的 1 阶应变模态差值。

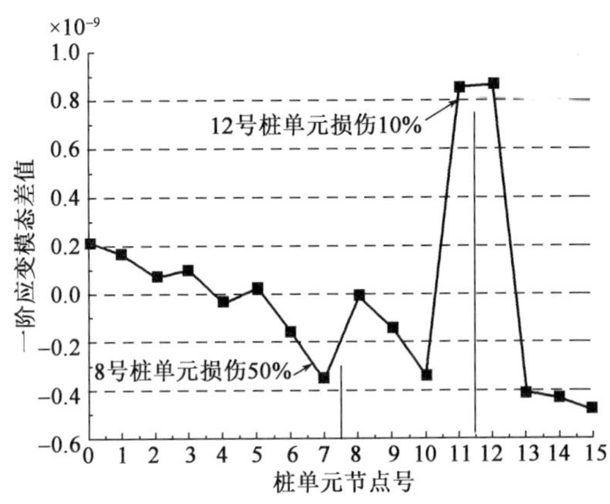

图 5-15　损伤工况 2 下 1 阶的应变模态差值指纹

对于 1 阶模态来说,8 号桩单元上的应变值测点位于轴向受压区向轴向受拉区的转换区域,从图 5-15 中可以看出应变模态差值在此处先后出现了一个凹形峰值点和一个凸形峰值点;12 号桩单元(下侧为 11 号节点,上侧为 12 号节点)位于桩基上部,其上的应变值测点位于受拉区,应变模态差值在此处出现了一个凸形峰值点。

图 5-16 给出了 21 号桩基损伤工况 2 下的前 3 阶应变模态差值指纹。

对于 2 阶模态来说,8 号单元上的应变值测点位于轴向受压区向轴向受拉区的转换区域,从图 5-16 中可以看出应变模态差值在此处先后出现了一个凹形峰值点和一个凸形峰值点;12 号桩单元上的应变值测点位于受拉区,应变模态差值在此处出现了一个凸形峰值点。对于 3 阶模态来说,8 号单元上的应变值测点位于轴向受拉区向轴向受压区的转换区域,从图 5-16 中可以看出应变模态差值在此处先后出现了一个凸形峰值点和一个凹形峰值点;12 号桩单元上的应变值测点位于受压区,应变模态差值在此处出现了一个凹形峰值点。

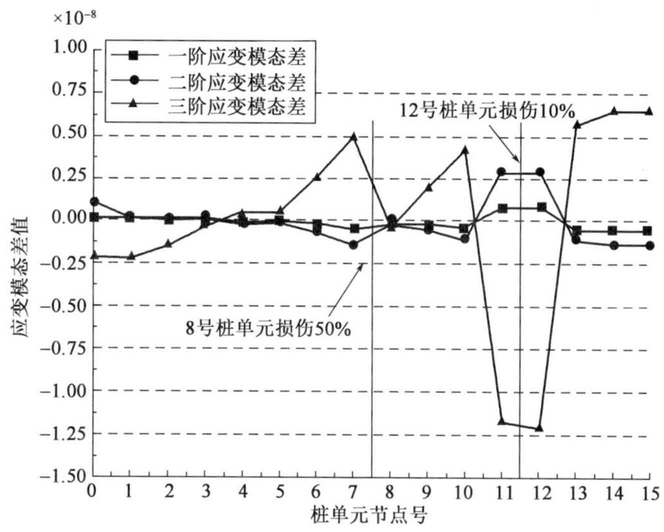

图 5-16　损伤工况 2 下的前 3 阶应变模态差值指纹

由此可以看出,损伤发生处的应变模态差值会出现较大的波动,且随着测点位于受压区和受拉区的不同,应变模态差值曲线会相应地出现凹形峰值点和凸形峰值点。因此应变模态差值指纹可以用于识别桩基础损伤发生的位置。图 5-16 应变模态差值曲线峰值波动程度随着模态阶数的提高而急剧增加,可见高阶应变模态对损伤更为敏感。12 号单元的损伤程度小于 8 号单元,然而前 3 阶应变模态差值曲线在 12 号单元处的峰值大于 3 号单元处的峰值,可见由峰值的大小并不能判断损伤程度。

定义应变模态变化率指纹,其表达式为式(5-25)。

$$\frac{\Delta\psi_{\varepsilon_u}}{\psi^I_{\varepsilon_u}} = \frac{\psi^d_{\varepsilon_u} - \psi^I_{\varepsilon_u}}{\psi^I_{\varepsilon_u}} \times 100\% \tag{5-25}$$

图 5-17 和图 5-18 分别给出了 21 号桩在损伤工况 1 和损伤工况 2 下的应变模态相对于无损结构的应变模态变化率曲线。可以看出该指纹对损伤发生位置和程度均比较敏感,其曲线峰值大小可以代表损伤程度信息。应变模态变化率指纹较应变模态差值指纹较优。

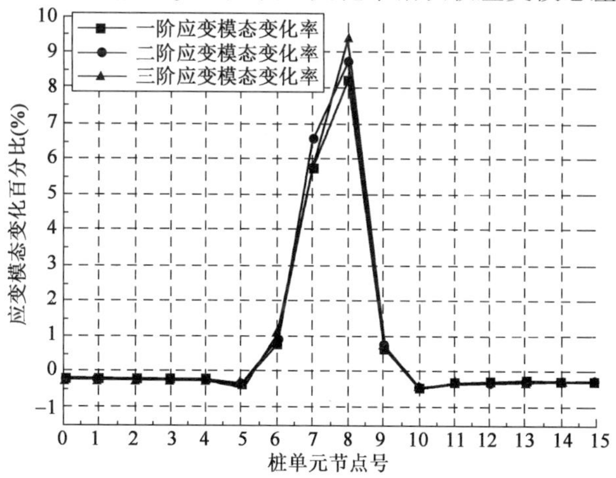

图 5-17　损伤工况 1 下前 3 阶的应变模态改变率指纹

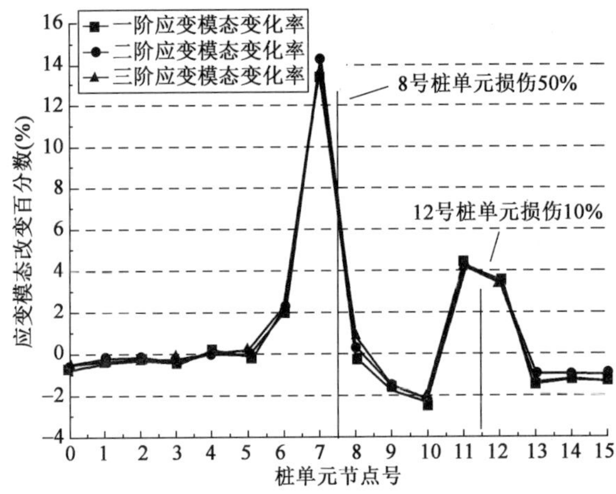

图 5-18　损伤工况 2 下前 3 阶的应变模态改变率指纹

(3)曲率模态指纹识别

曲率模态和应变模态存在近似的正比关系,因而理论上,这两类指纹对损伤的识别能力应该是相同的。曲率是横向振动位移的二阶导数,可以通过振型来求得曲率模态。假若在技术上可以实现利用内置于桩基内部轴心的传感器来得到桩基振型,则在每个截面的中心处只需布置一个测点即可得到任意振动方向上的振型,而应变值测量对测点布置有位置上的要求,若测点恰好布置在某一阶模态振动变形的中性轴位置,则无法测得这一阶模态的应变模态值,为避免这一情况,只好布置多个测点。单从这一角度讲,曲率模态指纹在测量上更加方便。

曲率模态指纹近似可由位移模态经中心差分计算得到,其公式为式(5-26)。

$$\rho_i = \frac{\varphi_{i-1} - 2\varphi_i + \varphi_{i+1}}{l^2} \tag{5-26}$$

其中,ρ_i 为 i 节点处的曲率模态;φ_i 为归一化的振型在 i 节点处的位移分量;l 为两相邻节点间的间距。本节曲率模态按此公式计算得到。图 5-19 给出了 21 号桩基在 3 种损伤工况下曲率模态相对于完好桩基的变化情况。

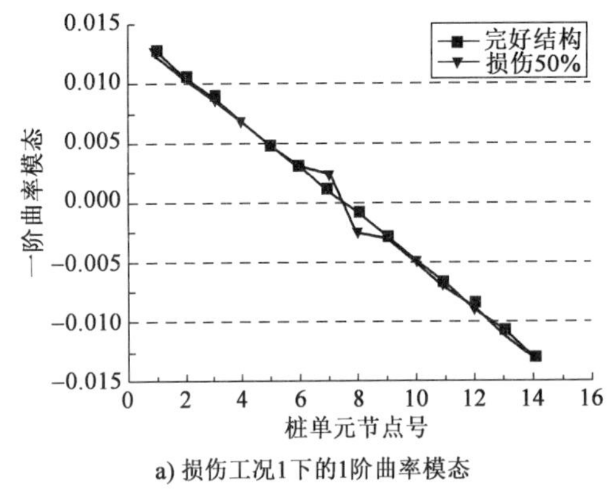

a) 损伤工况1下的1阶曲率模态

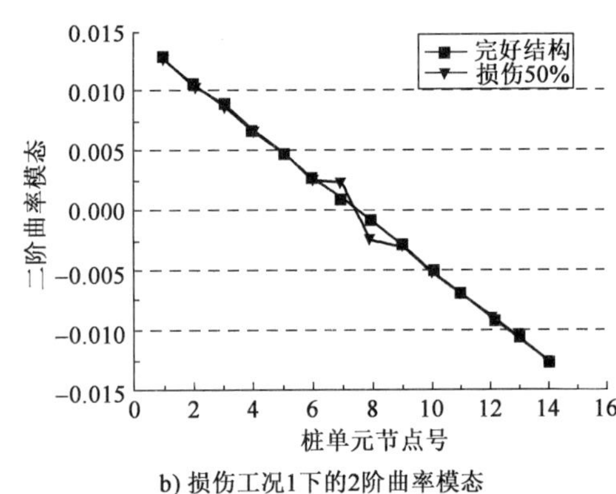

b) 损伤工况1下的2阶曲率模态

图　5-19

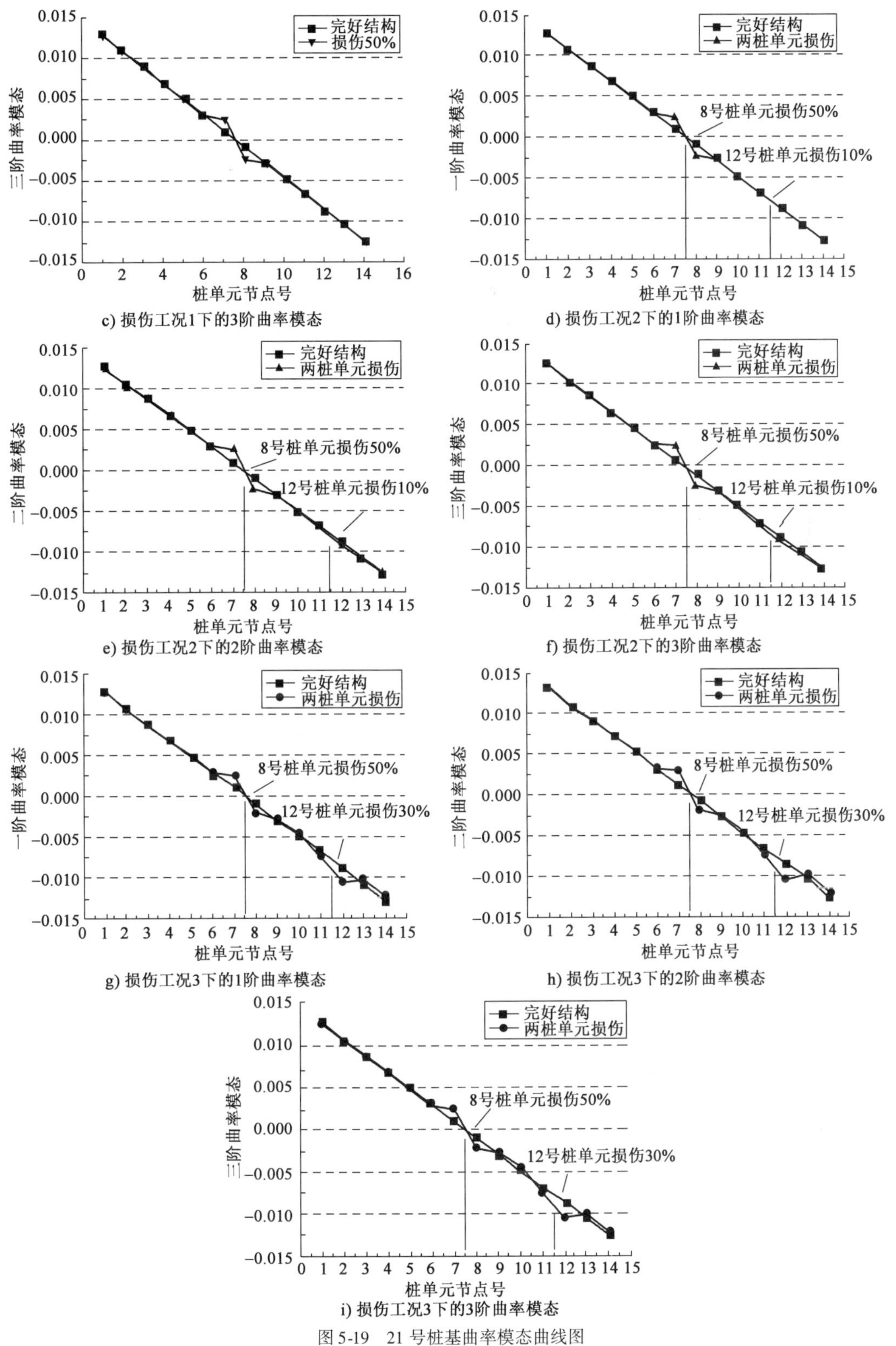

c) 损伤工况1下的3阶曲率模态

d) 损伤工况2下的1阶曲率模态

e) 损伤工况2下的2阶曲率模态

f) 损伤工况2下的3阶曲率模态

g) 损伤工况3下的1阶曲率模态

h) 损伤工况3下的2阶曲率模态

i) 损伤工况3下的3阶曲率模态

图5-19　21号桩基曲率模态曲线图

从中可以看出,曲率模态指纹可以很好地识别桩基础损伤单元发生的位置,并且能够定性地反映出损伤程度。并且,虽然桩基础前3阶模态振动方向不同,但是其曲率模态曲线的变化规律是一致的,因此可以通过叠加前几阶曲率模态值,并计算其变化率来提高对损伤识别的能力。为此定义曲率模态累加值指纹ρ_j、曲率模态累加值差值指纹λ_j和累加曲率模态变化率指纹μ_j,其表达式为式(5-27)~式(5-29)。

$$\rho_j = \sum_{i=1}^{m} \rho_{ij} \tag{5-27}$$

$$\lambda_j = \rho_j^d - \rho_j^I \tag{5-28}$$

$$\mu_j = \frac{\lambda_j}{\rho_j^{\ I}} \tag{5-29}$$

其中,ρ_{ij}为j节点第i阶曲率模态;m为实测到的模态的阶数;ρ_j是各自由度对节点j的曲率模态贡献的累加。图5-20给出了21号桩基础在各损伤工况下的前3阶累加曲率模态变化率指纹μ_j。

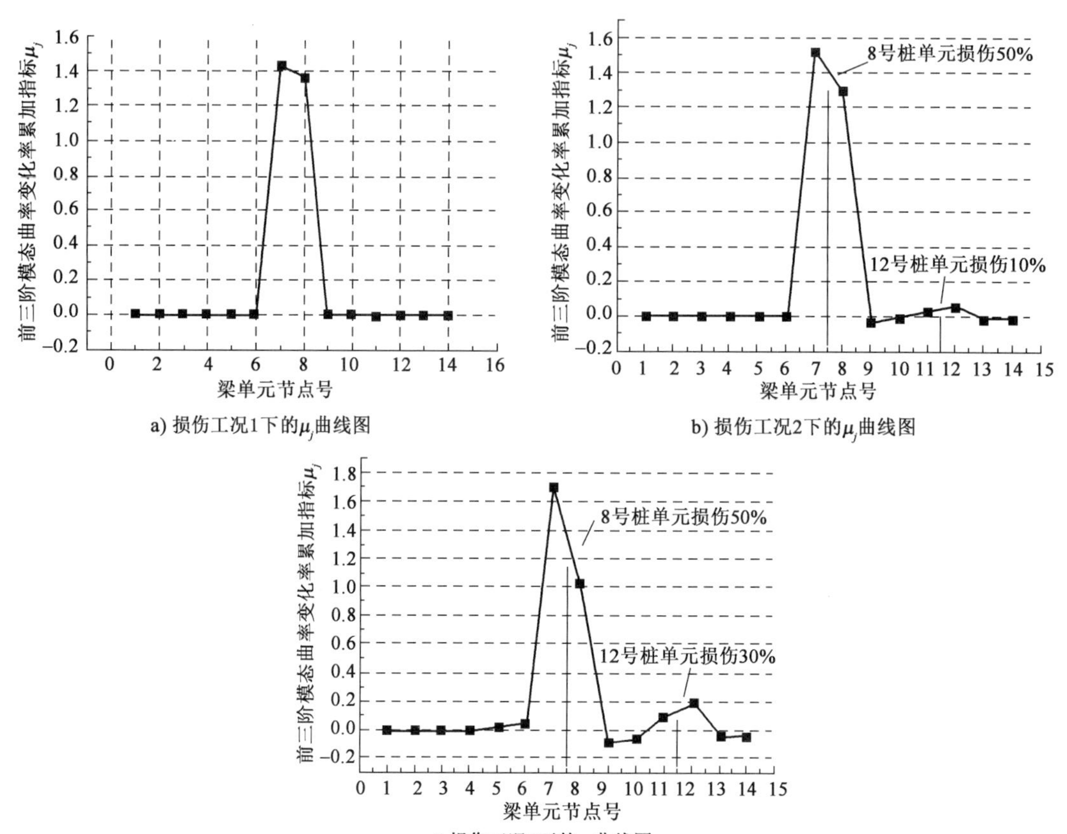

a) 损伤工况1下的μ_j曲线图

b) 损伤工况2下的μ_j曲线图

c) 损伤工况3下的μ_j曲线图

图5-20 前3阶累加曲率模态变化率指纹μ_j曲线图

从图5-20中可以看出,μ_j曲线图在单元发生损伤的位置会发生明显的变化,在对应位置会出现峰值点,对于损伤工况2和损伤工况3多处损伤的情况,μ_j曲线图在相应位置也会出现多个峰值,可见累加曲率模态变化率指纹μ_j可以识别出桩基础在单损情况或多损情况下的损伤发生位置。并且,μ_j 曲线图的峰值点会随着损伤程度的增加而增加,因此 μ_j 指纹也可以用来定性地判断损伤发生的程度,是一种很好的损伤识别指纹。

(4)柔度矩阵指纹识别

计算得到的完好桩基模型的柔度矩阵用三维图像表示,如图 5-21 所示。

损伤工况 1 下的桩基础柔度矩阵如图 5-22 所示。

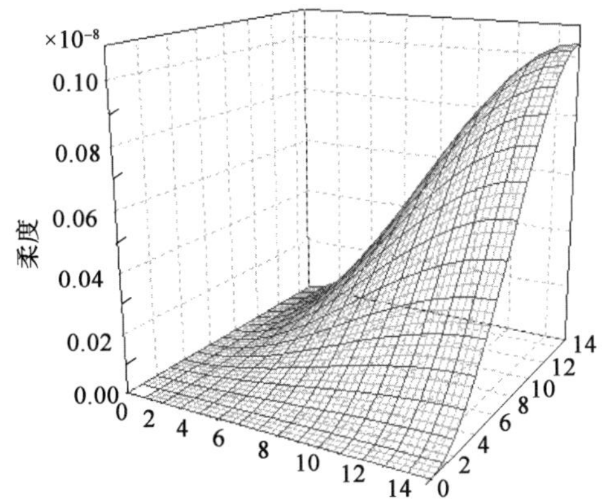

图 5-21　完好 21 号桩基础柔度矩阵三维图

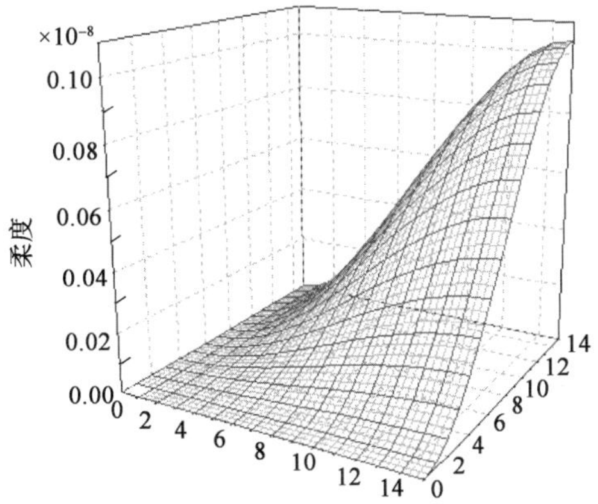

图 5-22　损伤工况 1 下的 21 号桩基础柔度矩阵三维图

可见直接通过柔度矩阵指纹不能直观识别出损伤是否发生,可尝试通过计算柔度矩阵差值来识别损伤。柔度矩阵差值的计算公式定义如式(5-30)所示。

$$\Delta[\boldsymbol{F}] = [\boldsymbol{F}]^d - [\boldsymbol{F}]^I \tag{5-30}$$

其中,$[\boldsymbol{F}]^d$、$[\boldsymbol{F}]^I$ 分别为损伤工况下的桩基础柔度矩阵和完好状况下的桩基础柔度矩阵。图 5-23 给出的是损伤工况 1 下的桩基础柔度矩阵差值三维图。

从图 5-23 中可以看出,柔度曲率差值三维图在中间部分出现了很大的波动,但各个峰值点并不集中于发生损伤的 8 号单元对应的节点号附近。所以很难利用柔度矩阵差值指纹来识别桩基础损伤。

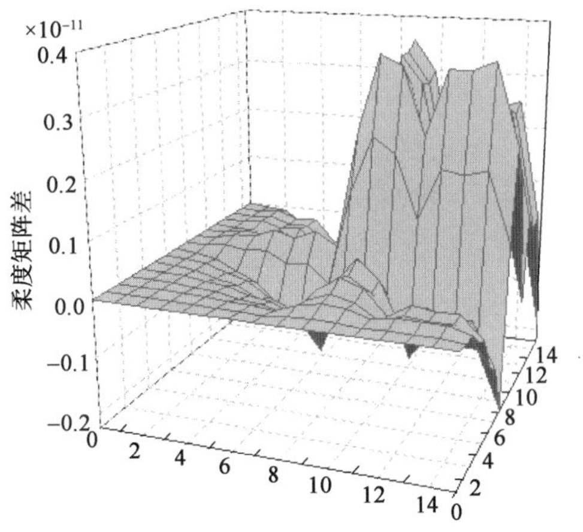

图 5-23　21 号桩基础损伤工况 1 下的桩基础柔度矩阵差值三维图

(5)桩基础损伤对周边桩基础模态的影响

以 D3 索塔下的 21 号桩基础为研究对象,分析了各种常用动力指纹对其上局部刚度降损伤情况的识别效果。本节研究当 21 号桩基础发生损伤时,是否会对周边桩基础的动力特性造成影响。因此在 21 号桩基础在损伤工况 1 的状态下观察 23 号桩基础的模态曲率的变化情况,如图 5-24 所示。

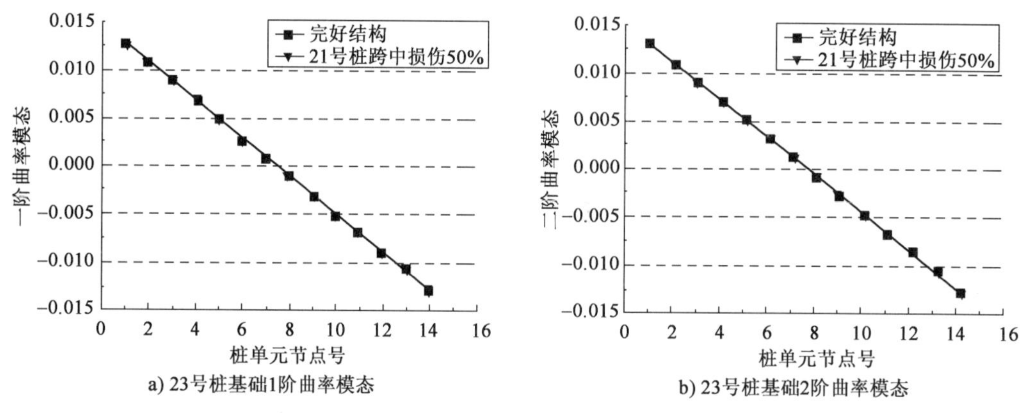

图 5-24　21 号桩基础在完好和跨中损伤 50% 时的 23 号桩基础曲率模态对比

从图 5-24 中可以看出,21 号桩基础发生损伤时不会影响到周边桩基础的动力特性,因此不会对其他桩基础的损伤识别形成干扰。不同桩基础均与承台固接,当其中某根桩基础发生损伤时,其振型变化仅发生在其内部,而不会影响到周边其他桩基础的振型。这一特点对跨江海桥梁群桩基础结构的单一桩基础损伤识别是有利的。

5.4　基于模态法基础损伤识别的测试方法

5.4.1　一般规定

(1)利用上部结构振动模态分析结果对桥梁基础损伤进行识别与评估,上部结构振动响应主要通过传感器进行速度、加速度的实时测量,桥梁基础损伤可包括桥墩、桥塔冲刷,桩基础缩径等能够引起结构整体刚度变化的基础损伤形式。

(2)与桥梁基础状态常规检测相比,该方法不需要水下作业,不需要直接观测冲刷状态,仅通过对上部结构振动模态的现场测试与参数跟踪,即可完成对下部基础损伤的识别与评估,为有选择的进一步水下检测及区域性的桥梁基础状态快速筛查提供依据。

5.4.2　仪器设备与布置优选原则

(1)模态法进行跨江海桥梁基础损伤检测的设备包括两大部分:速度或加速度传感器,数据接收装置(有线或无线)。

(2)速度或加速度传感器测点布置原则为:

①测点布置位置与数量需要能够足够反映振型形状的特征。

②测点布置方向优选竖向及横向两个振动响应方向。

③对于悬吊桥型,优选的量测振型为主梁的竖弯、侧弯与横移,以及主塔的侧弯,优选的原

则为对基础损伤敏感的自振频率与振型。

④在测点数量足够的情况下，可沿桥宽方向进行测点布置以测量扭转振型。

⑤对于悬吊桥型，优选在主塔上进行沿桥横向方向的测点布置；再在主梁上沿桥纵向进行测点布置。

(3)测点布置位置示意如图5-25(以某斜拉桥为例，主梁测点编号为L、R+数字，主塔测点编号为U+数字)所示。

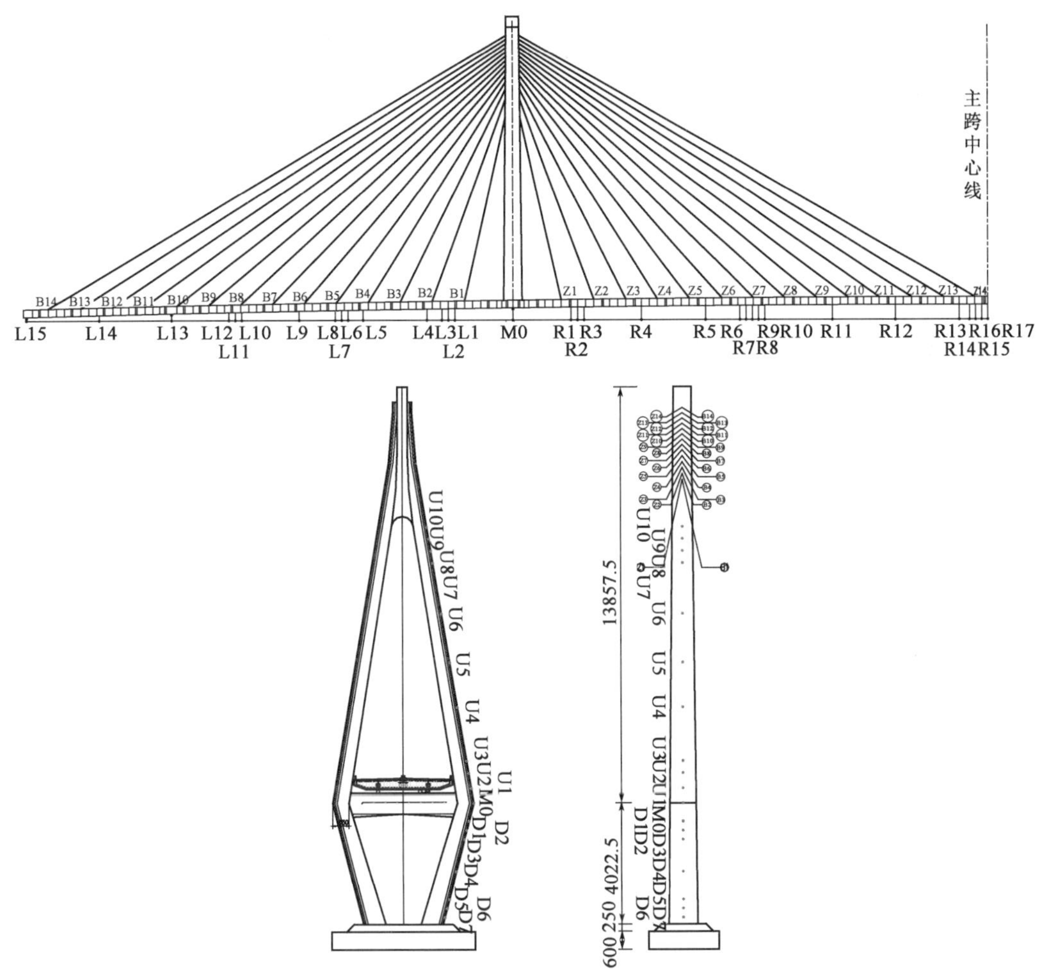

图5-25 测点布置示意图

5.4.3 现场测试

(1)现场测试主梁模态时，如有可能建议中断交通进行测试，避免行驶车辆的影响。

(2)若无法中断交通，则建议在主梁箱内(梁底靠近腹板处)进行模态测试，尽量避免行驶车辆对桥面的直接冲击所产生的高频振动。

(3)桥塔同样建议在塔内进行模态测试，测点可安装至主塔内壁或者与主塔内壁牢固连接的构件。

(4)如果有条件可施加外部激励荷载进行模态测试,如果条件不允许或者结构不适合,则可选择环境激励法进行模态测试。

(5)测试时间段可选择为20min,并进行至少2次的重复测试;若数据采集仪的数据通道不足够一次性连接所有测点,在环境激励状态下,可采用多次移动测试法得到所有测点的振动数据。

(6)现场测试时,应综合考虑桥面环境、温度影响、照明状态、通信情况以及作业安全等。

(7)现场测试时,应实时监测采集数据的稳定情况,当现场发现振动数据明显不稳定,或突然偏离常规状态时,应停止测试,待查明原因并校准后方重新进行测试。

(8)现场测试时,应实时监测各配套设备的工作情况,当现场检测不符合要求时,应停止检测。如果设备发生故障应立即停止检测,待查明原因并对相关设备进行检测或校准后方可继续检测。

5.4.4 数据处理

(1)数据处理应采用与所用模态测试装置相配套的专业软件,且软件经过正式认可或经鉴定合格。

(2)数据处理的一般流程为:

①将振动响应传感器采集的数据导入专业分析软件。

②对采集数据进行适当的滤波处理,以消除高频的影响。

③对数据进行模态分析,环境激励下推荐子空间迭代法,得到自振频率,并结合有限元分析结果进行人工识别和判断,删除一些明显不合理的频率数值。

④基于选定的频率值,得到相对应的振型形态。

5.4.5 识别方法

(1)基于选定的对基础损伤敏感的动力指纹构建形式,利用有限元工具(如ANSYS软件)进行数值仿真,采用参数分析得到基础损伤—动力指纹的初始数学模型。

(2)基础损伤识别与判断的一般流程为:

①现场通过车辆激振、激振锤或者环境激励的方式,按照5.4.2所给出的测点布置原则,通过测试得到主梁或主塔的振动响应(速度或加速度时程数据)。

②利用模态分析的方法,处理数据中高频的影响,选定合理的自振频率,并进一步得到相对应的主梁低阶竖弯、侧弯、横移以及主塔侧弯振型(即对基础损伤敏感的自振频率与振型)。

③利用数学工具(如MATLAB软件),基于对基础损伤敏感的自振频率与振型得到用于基础损伤状态识别的动力指纹数值。

④将本次测量结果得到的模态分析结果与动力指纹数值与前次得到的结果进行对比分析,得到桥梁基础损伤的定性分析结论。

⑤结合预先得到的基础损伤—动力指纹数学模型,反演得到测量阶段的桥梁基础损伤状态,理论上得到桥梁基础损伤的定量分析结论。

基础损伤—动力指纹的数学模型可以随监测时间与次数的增加,而不断进行模型更新,使得该模型更加符合所监测桥梁结构参数的实际情况。

5.4.6　成果报告

(1)成果报告应准确、完整,用词规范,数据应真实、齐全。

(2)成果报告应包括以下内容:

①项目概况:包括桥梁概况、工程地质资料、设计图、竣工图、养护记录、检测任务简要说明、检测日期等,附必要的桥梁结构图、地质柱状图、桩位布置图、桥梁现状照片等。

②检测目的。

③检测内容与方法:包括检测项目、采用的仪器和设备、检测方法、测点布置、数据采集有关参数设置等。

④检测结果:本次测量数据得到的响应时程图、自振频率、振型形态图、动力指纹取值;并将本次测量数据得到的结果与前次测量结果进行对比分析,得出分析结果。

⑤结论与建议:包括模态分析取得的识别成果、存在的问题、下一步工作建议等。

⑥附录文件:主要有振动响应时程图、频谱图等。

5.5　本章小结

本章给出一种基于动力特征识别的桥梁基础损伤识别技术。通过跟踪基于模态柔度位移的动力指纹变化情况,并选择合适的冲刷敏感模态,可较好地对桥梁基础冲刷深度进行定量识别。该方法具有设备简单、操作安全、可靠度高、数据真实和汇总容易等优点,在理论上可行、技术上完备,具有较好的研究意义。分别提出全桥固有频率、模态曲率以及模态柔度位移等多种动力指纹构成形式,并分别基于多种形式梁桥以及斜拉桥,得到不同动力指纹与冲刷深度之间的定量关系特征以及对冲刷深度变化的敏感性。最后给出基于模态法基础损伤识别测试仪器设备、测点优选原则、现场测试要求、数据处理和识别方法等。

第6章 基于三维成像声呐技术的水下基础表观检测新技术

跨江海桥梁大多处于深水激流浑浊水域,传统水下摄影摄像技术无法进行损伤识别检测,目前还没有专门针对跨江海桥梁基础损进行损伤识别的技术,因而养护管理部门无法掌握跨江海桥梁基础损伤状况,存在极大的安全隐患。针对这一现状,本书对各种水下检测技术进行比选分析,根据跨江海桥梁基础结构特点,提出基于三维成像声呐的无人检测新技术,用于跨江海桥梁基础表观检测。

6.1 跨江海桥梁基础表观检测技术比选分析

目前水下细部结构和水工建筑物检测的主要技术手段有水下目视检测、摄像技术、水下激光成像、水下摄影、水下声呐成像等。对水下建筑物测试技术进行调研,根据跨江海桥梁基础所处环境,对损伤检测技术比选进行分析,见表6-1。

跨江海桥梁基础损伤检测技术比选分析　　表6-1

测试技术	优点	缺点	适应性分析
水下目力检查	具有能分辨色彩,立体观察能力,与大脑的逻辑思维相联系	须亲临现场,大深度潜水作业,风险大、成本高;不能产生永久记录;对低照明条件适应缓慢	不适用
水下摄影、摄像技术	清晰度高,图像可以放大,细部更为清晰,设备的控制可以简化或预先调整	受水质浑浊影响大,需光源	水质浑浊不适用
水下激光成像	可以实现大面积海域成像	该技术在水中会发生很多散射,能量消散较多,到达区域面积小、成像不清楚,受水质浑浊影响大	水质浑浊不适用
三维成像声呐技术	可以实现水下目标外形轮廓扫描成像,是目前水下细部结构水工建筑检测较为先进的手段,不受水质浑浊影响和光源	测试技术相对较难,需专业培训	适用

根据表6-1跨江海桥梁基础表观检测测试技术比选分析,本书选取三维成像声呐技术作为跨江海桥梁基础表观检测测试技术进行研究。

6.2　成像声呐技术概述

成像声呐是利用发射和接收声波来测距和定位，按其功能和扫描方式分为多波束声呐和三维成像声呐，多波束声呐具有效率高、扫射面积广的特征。三维成像声呐系统在三维显示技术的帮助下，可实现高分辨率的水下结构成像。

目前为止，已经有多家公司和研究机构开发研制了三维成像声呐技术，比如，Coda Octopus 公司的 Echoscope II 声呐，它采用的就是面阵的多波束技术。Coda Echoscope 系列实时三维声成像系统源自挪威的 Omnitech 公司，Echoscope II 声呐可以实时显示物体的三维视频图像，可以显示 50°×50°范围内、200m 区域内的三维图像，其图像由超过 16000（128×128）个聚焦波束构成，距离分辨率可以达到 1cm。典型的采用声透镜技术的成像声呐主要有 LIMIS（Limpet Mine Imaging Sonar）、GLACIS（Glendora Lake Acoustic Imaging System）、ABIS（Acoustic Barnacle Imaging Sonar）等，LIMIS 是美国华盛顿大学开发的手持式水下成像设备，于 2MHz 环境中工作，形成 64 个波束，每个波束水平张角 0.3°，垂直张角 7°，最大有效探测距离为 12m。Sound Metrics 司生产的 DIDSON 双频辨识成像声呐，当其在 1.1MHz 环境中工作时，形成 48 个波束，二维波束宽度为 0.4(H)×12(V)，最大有效工作距离为 35m；在 1.8MHz 环境中工作时，形成 96 个波束，二维波束宽度为 0.3(H)×12(V)，最大有效工作距离为 15m。

我国成像声呐的研究工作起步比较晚，尤其是三维成像声呐，目前的研究还多集中在研究所和大学进行，还没有成系列的产品，不过在三维水下地形地貌探测方面已经取得了一些进展。比如，由中国科学院声学研究所和美国亚迪技术开发（上海）有限公司联合设计和制造的高分辨率测深侧扫声呐，它能够同时获得高分辨海底地貌和地形的信息，从而绘制出三维地形图，目前，哈尔滨工程大学水声研究所开发的便携式多波束测深仪，可以绘制水下三维地形图。

6.3　基于三维成像声呐的跨江海桥梁基础无人检测技术

根据前面对跨江海桥梁基础识别技术进行比选分析，本书提出基于三维成像声呐的跨江海桥梁基础无人检测技术实现对跨江海桥梁基础损伤的识别。

基于三维成像声呐的跨江海桥梁基础无人检测设备包括两部分：成像设备和无人检测平台。经过对声呐成像设备进行多方查询和比选，本书将三维全景成像声呐仪作为成像设备，根据跨江海桥梁结构特点本书专门设计了一套适应于跨江海桥梁基础检测的无人检测设备。

6.3.1　三维全景成像声呐测试性能概况

本书中使用 BlueView 系列三维全景成像声呐进行水下桩基础成像试验研究，该设备可以对水中结构物扫描生成高分辨率三维图像。三维成像声呐装置如图 6-1 所示。BlueView 系列三维全景成像声呐性能参数见表 6-2。

图 6-1　BlueView 三维全景成像声呐

BlueView 系列三维全景成像声呐性能参数　　表 6-2

型号	MB1350	MB2250
频率	1.35MHz	2.25MHz
视角	45°×1°或 90°×1°	
最大范围	30m	10m
理想范围	1～20m	0.5～7m
波束角度	1°×1°	
波束数量	256	
波束间隔	0.18°	
分辨率	0.015m	0.010m
供电	24VDC	
功率	12/14W max.(45°) 19/24W max.(90°)	10/12W max.(45°) 15/18W max.(90°)
接口	Ethernet/RS485	
空气中质量	12kg	10.5kg
水中质量	4.5kg	3.3kg
尺寸	26.7cm×23.4cm×39.1cm	22.6cm×21.8cm×39.1cm
数据输出格式	.son,.off,.xyz	

三维成像声呐可以在低照度和零可见度环境下获得和地面上三维激光扫描一样的图像。根据 BlueView 三维全景成像声呐设备的压力测试报告，如图 6-2 所示，表明该设备可以在水

TELEDYNE BlueView
Everywhereyoulook™

Pressure Test Certificate
Quality Management System Certification

Reference Number: Sales Order 2870

Customer:

Product: Sonar Module
Model Number: MB1350-45
Part Number:
Serial Number:

Ship Date: March 18th, 2013

Teledyne BlueView's imaging sonar has been pressure tested at 990 PSI per ATP 0052 at the University of Washington and passed with no leakage.

Authorized by: Tracy Simpson, Chief Operations Executive or Kelsey Wray, Production Manager, Teledyne BlueView

8-18-2013
Tracy Simpson or Kelsey Wray　Date

2151 N NORTHLAKE WAY STE 214　SEATTLE, WA 98103　TEL 206 545 7260　FAX 206 545 7261
WWW.BLUEVIEW.COM

图 6-2　压力测试报告

压为990PSI的压力下工作,换算为水深约630m,说明该仪器设备能够满足跨江海桥梁基础深水环境的测试需求。

根据BlueView官方发布的仪器参数中MB2250设备中分辨率可达到1.0cm,如图6-3所示。

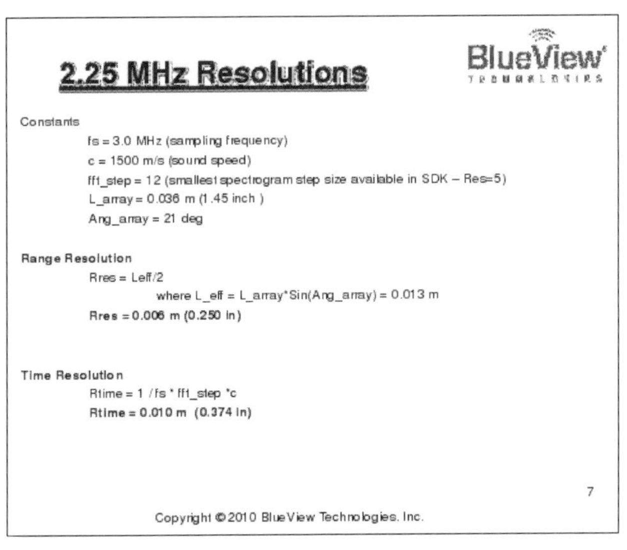

图6-3　BlueView三维全景成像声呐测试参数(2.25MHz)

6.3.2　三维全景成像声呐应用实例

本书采用BlueView三维全景成像声呐进行了多次应用。该成像系统不但可以通过多点扫描由软件合成完整3D图像,还可以任意区域放大,以便通过近距离观察,发现结构异常,对关心的区域可以进行任意角度旋转,得到结构三维图形。图6-4为采用BlueView三维全景成像声呐成像测试某水库桩基础的图像,测试结果表明采用三维全景成像声呐能够在水下无照明状态下对水下桩基整体成像,成像效果较好,可以很清晰的得到桩基表观有无损伤。

图6-5为BlueView三维全景成像声仪器处成像效果,因本次测试是将三维全景成像声仪器固定在三脚架上进行扫描,这样会造成在三脚架底部位置处出现圆形死角无法扫描成像,该设备在此死角以外区域都能将周围结构物进行扫描成像。可见该设备能够高效地实现大范围的水中结构物成像。

图6-4　水下桩基成像图

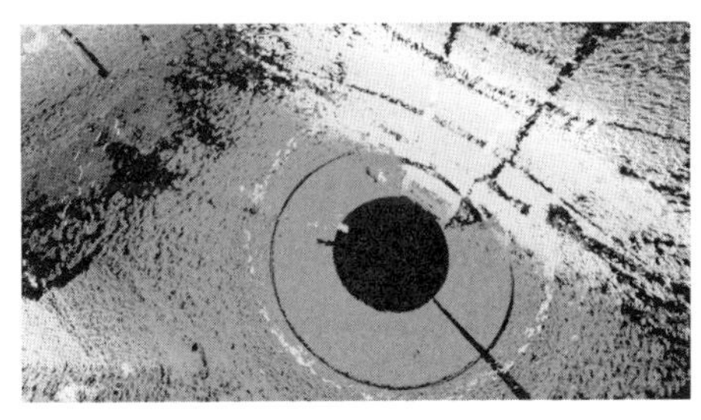

图6-5　声呐设备三脚架位置

6.4 三维成像声呐与传统摄像比对试验

现场调研发现跨海湾大桥多处于深水、洪水区，传统的摄影摄像技术无法解决跨江海桥梁基础浑浊水质检测难题。本书提出采用三维成像声呐来解决这一关键技术。为验证三维成像声呐技术是否会受水质浑浊影响，在浑浊水域成像是否清晰。本书选取汛期水质浑浊的曹娥江大桥进行传统摄像法和三维成像声呐法对比测试试验。

6.4.1 工程概况

曹娥江大桥位于杭甬高速公路绍兴段，该桥中心桩号为 K234 + 394，桥梁全长 1165.3m，与路线正交，桥跨布置为 10 × 20m + 20 × 35m + 13 × 20m。该桥上部结构采用 20m、35m 预应力混凝土连续 T 形梁，下部结构采用桩柱式墩台。设计荷载等级：汽车—超 20，挂车—120；桥梁总体现状如图 6-6 所示。

图 6-6　桥梁总体现状

6.4.2 传统摄像法测试试验

(1)试验方法

桩基础表观质量水下录像需在下水前记录好潮位，并用测绳复核下水桩基础水深。采用测绳吊铅垂测量和测深仪测量水深相结合的办法，测出该墩四周水深。该墩左、右幅各布置 18 个测点，分别测量其水深，换算成高程，再与资料数据进行比对，从而判断其河床冲刷情况。录像前调整好设备时间并做好记录，每个墩录像前做好备注，用语音或文字提示所记录的桩位和编号；潜水员下水用小型手持工具，首先将桩上的附着物清理干净，表面清理干净后并在没有漂浮物和视线良好的情况下开始录像；水下基础各构件接合部位重点摄像。最后由测试人员根据录像结果判断桩基损伤程度。

(2)试验结果

由于曹娥江大桥水质偏浑浊，水下摄像机借助强灯光仍然无法看清楚桩基础表面，图 6-7 和图 6-8 分别为 15 号墩左幅与右幅水深测量示意图。

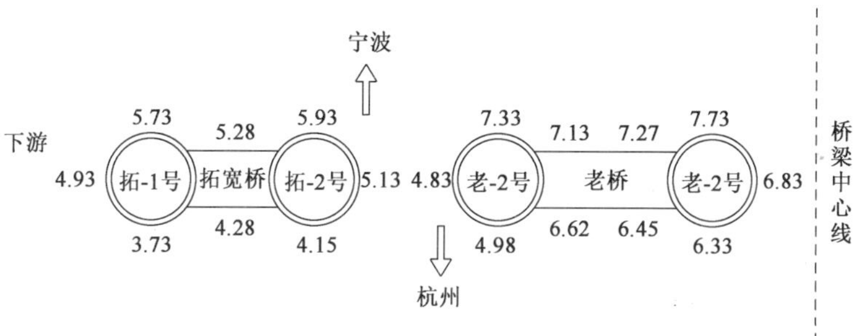

图 6-7　15 号墩左幅水深测量示意图

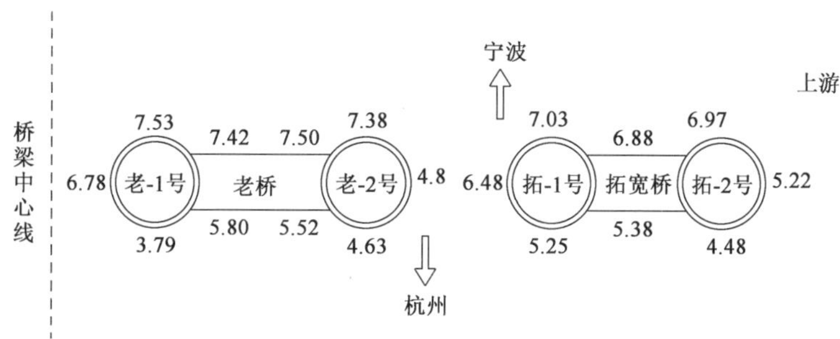

图 6-8　15 号墩右幅水深测量示意图

从量测的水深特征值看,左幅冲刷最大发生在老-2 号桩基础高桩侧,最大冲刷深度为 8.65m;右幅冲刷最大发生在老-1 号桩基础高桩侧,最大冲刷深度为 8.45m。

6.4.3　三维成像声呐测试试验

测试人员采用 BV5000-2250Blue View 三维声呐系统进行水下桩基检测。现场检测时,三维声呐系统包括一个声呐头、一个笔记本电脑和一个小的控制盒。为了验证成像系统的精度,在检测现场还放下了一个量测好尺寸的船锚。现场检测如图 6-9 和图 6 10 所示。

图 6-9　声呐现场测试图

图 6-10　声呐现场测试图(对比船锚尺寸)

通过分析成像数据得出声呐成像结果,如图 6-11 所示,从图中可以看出桩基础成像非常清晰,可以清楚地看到该桥水下桩基础的整体状况良好,局部有露骨现象,表面凹凸不平,但对整体结构的影响不大,用作验证测试精度的船锚最大直径1.5cm,最小直径1.0cm,从成像图中也可以清晰地识别出来,说明该设备成像精度能够达到1.0cm;从仪器自带的水深监测仪器上可以很方便地得到左幅最大冲刷深度为8.60m,与吊锤测试结果相吻合。

图6-11　声呐成像分析结果图

6.4.4 比对试验结果

通过本次三维成像声呐与传统摄影摄像技术进行现场比对测试,让我们更加深入了解到三维成像声呐技术的特点,测试结果表明:

(1)传统水下摄像在浑浊水域无法测试到桩基础表观状况。

(2)三维成像声呐技术不受水质混浊影响,相比水下摄像结果,三维声呐系统分析结果不受水下能见度影响,可获得精细图像。

(3)三维成像声呐技术测试精度高。通过对量测好尺寸的船锚成像结果表明三维成像声呐测试精度能达到1cm,随着三维成像声呐测试频率的提高,其测试精度会逐步提高,能够满足跨江海桥梁基础损伤识别的要求。

6.5 本 章 小 结

跨江海桥梁水下基础在水环境中易产生损伤,而目前还没有专门针对水下基础病害进行识别的技术,针对这一现状,本章针对跨江海桥梁水下基础表观检测新技术进行专题研究。本章首先对国内外有关水下建筑物结构的相关检测技术进行调研,掌握各项技术的特点和适用范围,对各项检测技术进行适应性比选分析,推荐采用基于三维声呐成像的无人检测技术进行跨江海桥梁水下基础表观检测。然后对三维成像声呐技术的测试精度、适用环境等参数进行深入研究,验证三维声呐成像技术检测跨江海桥梁水下基础表观检测的可行性,通过与传统摄影摄像技术进行现场比对测试,验证了此项技术的优越性和可靠性。

第7章　水下桩基础智能检测机器人测试新技术

由于水下环境恶劣,人工检测风险巨大,机械化、智能化水下桩基础检测技术越来越受到重视,成为我国目前全力攻克的技术难题,本章介绍了目前水下机器人的发展状况及水平。

7.1　传统水下桩基础检测方法

目前国内外对公路桥梁水下桩基础检测还依赖于潜水员携带水下摄像头进行检测,该法对深水桩基础检测存在工程费用巨大、易出安全事故、测试不精细、不全面等缺点,并且这种检测方式还只能在浅水区域进行,在深水浑浊区域这样的检测作业很危险也不可行,很多跨江海大桥水下桩基础从建成到运营十几年都没能够进行检测。这就需要有简便、快捷、智能化的新型检测技术。

我国桥桩水下结构检测技术起步较晚,长期以来相关规范不成熟,发展相对缓慢,相关领域的研究几乎处于空白状态。单纯地依靠潜水员下水进行检查,风险项高、工作量大、主观性太强。为了更好地详细了解桥梁水中基础状况,为桥梁养护维修提供第一手资料,可替代潜水员(检测人员)的水下桩基础智能检测机器人应运而生,对涉水桥梁的"体检"提供了新方向和安全保障。

7.2　桥梁水下基础检测新技术

由于现有的桥梁水下基础检测方法本身存在缺陷,且应用这些方法时也存在诸多困难,因此可运用自动化设备的研究成果(如水下机器人)来进行桥梁水下基础检测的数据采集。水下机器人是集水下高技术于一体的仪器设备,它集成了动力电源、控制、推进、导航等仪器设备,还按照不同的应用目的相应配置了不同类型的探测仪器。水下机器人是人类智能和各种感官、器官在水下的延伸,可利用水下机器人进行水下检测和研究作业,完成人类肌体无法适应的各种水下环境的检测、探索和研究。目前已研制的观测型水下机器人可应用于代替潜水员观察和水下设施检测等方面。因而,在桥梁水下基础的检测过程中,可考虑以遥控水下机器人为载体,在机器人上配备浅剖声呐、高频成像声呐等检测传感器,使之成为一个装备有声、光、电等多种先进传感器的综合体,实现桥梁水下基础检测的数据采集。

7.3　水下ROV智能机器人发展概况

相比竞争激烈的航拍无人机市场,消费级水下无人机市场还处于早期阶段。但是近年来,国内水下机器人发展迅速,从2015年起步时的不超过10家,到现在已有200家左右。

水下机器人行业可分为两类:第一类是消费级水下娱乐拍摄机器人的应用。以水下助推板为切入点,消费级产品体系初步建立后开始向工业级产品发展,逐步扩展应用情景和行业,不断完善产品生态。第二类是工业级的应用。工业级水下机器人因我国产略技术储备需求而发展,与娱乐和工业的显著差别在于成本高、技术难度大、研发周期长等。工业级水下机器人对自身的极限在做出各种挑战与突破,重点对侦察、探测与摧毁、反潜作战等方面进行研究,并且对仿生能力做出要求。按控制方式不同,水下机器人可以分为遥控水下机器人和智能水下机器人。遥控水下机器人带缆线,由母船上的人工遥控,可以搭载多种传感器和任务荷载;智能水下机器人无人无缆,可以视作水下版本的"自动驾驶",能够自主智能航行、自动执行任务,可以多次回收反复使用。目前国内成熟的水下机器人技术应用仍停留在有线遥控阶段。教育科研领域常见的机器人如图7-1所示,海洋海事部门常见的机器人如图7-2所示,军事领域常见的机器人如图7-3所示。

ROBOLAB-EDU

ROBOLAB-ROV

ROBOLAB-AUII

图7-1 教育科研类水下机器人

ROBO-ROV

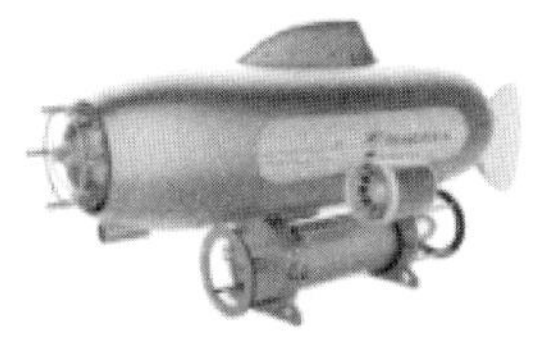
ROBO-FISH

图7-2 海洋海事类水下机器人

ROBO-RUN

ROBO-SHARK

图7-3 军事类水下机器人

7.4 水下桩基础智能检测机器人检测技术简介

7.4.1 装备简介

针对当前国内外无有效桥梁水下基础检测平台现状,交通运输部公路科学研究院地基基础团队在多年科研成果和现场水下基础检测经验的基础上研发了适应于深水激流环境的桥梁水下桩基础智能机器人检测平台，实现了水下桩基础检测的自动化、智能化，现已成功完成室内测试和现场测试（之江大桥）。机器人检测平台可搭载机械手、照明设备、水下摄影摄像、水下三维激光扫描仪、水下三维成像声呐等设备，实现水下桩基础不同检测需求。装备可以广泛应用于公路桥梁水下基础检测，大大提升桥梁水下基础检测的质量和效率，保障水下检测作业安全，提高我国公路桥梁水下基础检测水平。桥梁水下桩基础智能检测机器人工作及控制系统示意图分别如图 7-4 和图 7-5 所示。

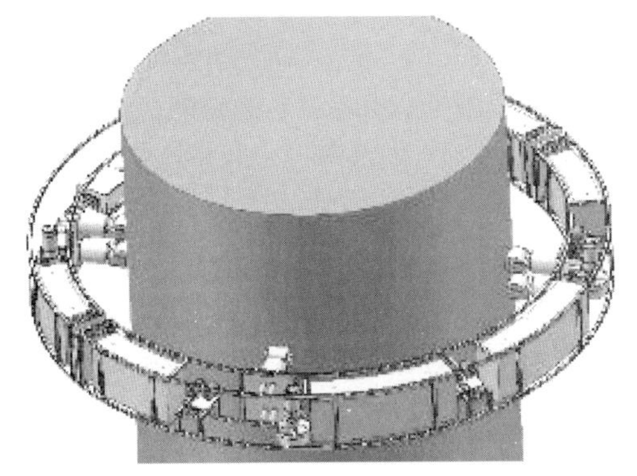

图 7-4　桥梁水下桩基础智能检测机器人

图 7-5　控制系统

7.4.2　工程现场测试

采用水下桩基础检测机器人平台于对之江大桥（钱江七桥）开展为期 2 天的现场测试。之江大桥是杭州跨越钱塘江的一座大型公路桥梁，主桥为（116m + 246m + 116m）三跨空间双索面拱形塔斜拉桥，主梁为钢箱梁，基础为钻孔灌注桩，桩径 200cm。之江大桥现状、测试现场及测试结果分别如图 7-6 ~ 图 7-8 所示。

图 7-6　之江大桥主墩现状照片

图 7-7　现场测试照片

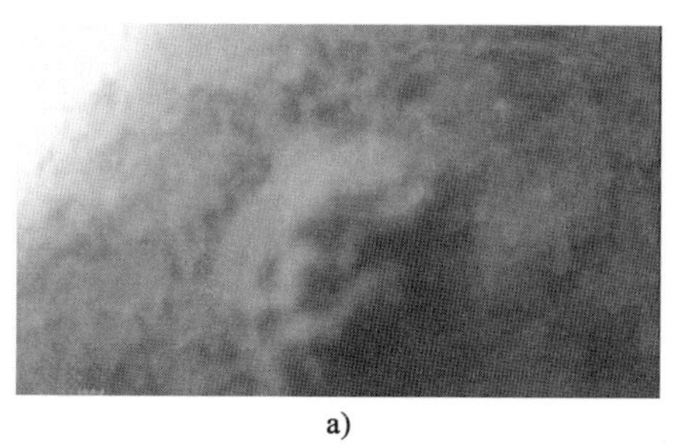

a)

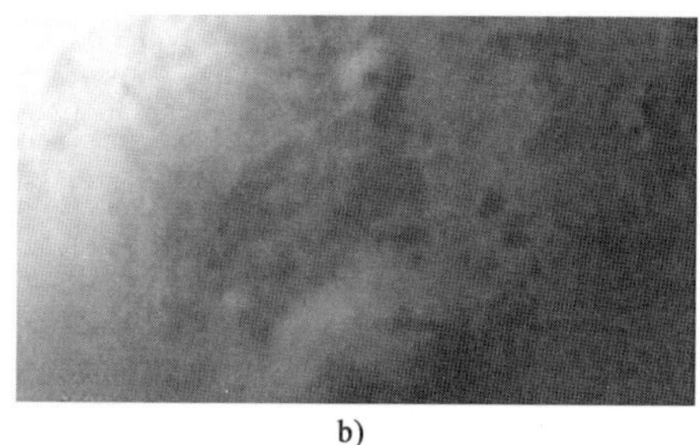

b)

图 7-8　水下录像视频截图

7.5　本章小结

本章首先对传统水下桩基础检测的方法、ROV 水下智能机器人检测平台进行调研分析，提出当前桥梁水下桩基础检测的难点，然后重点介绍了交通运输部公路科学研究院研发的水下桩基础智能检测机器人，该水下桩基础智能检测机器人可在复杂水下环境中灵活工作，实现了无人化水下作业，测试效果能满足检测工程需求，因此在水下桩基础检测中具有很大的应用前景，最后给出了现场测试验证实例。

参考文献

[1] 李子蓉,吴聘奇,汤建中."跨海大桥时代"的区位机遇与舟山的区域响应[J].上海经济研究,2007(9):76-82.

[2] 江浩,余卓平.风力对跨海大桥上行驶车辆安全性的影响分析[J].同济大学学报(自然科学版),2002,30(3):326-330.

[3] 王晓刚,盛黎明,张煅.国外跨海大桥的耐久性研究[J].铁道标准设计,2006(1):47-56.

[4] 项海帆.沿海高等级公路上的跨海大桥工程[J].同济大学学报:自然科学版,1998,26(2):109-113.

[5] 仇喜娟.构建工程重大事故预防的长效机制——以凤凰沱江大桥垮塌事件为例[J].党政干部论坛,2008(1):20-22.

[6] 马泽铭.公路桥梁建设工程的施工控制和管理[J].交通世界,2013(9):183-184.

[7] 赵春锋,孟煦,张琳.东北季冻地区桥涵结构耐久性问题初探[J].商品与质量:建筑与发展,2011(11):166.

[8] 苏立超.剖析公路建设安全管理问题有效降低施工风险之分析[J].交通世界,2011(24):150-151.

[9] 曾勇,于福,邹晓勇,等.桥梁失效成本组成的定量研究[J].重庆交通大学学报(自然科学版),2014,33(3):32-37.

[10] 贺小虎.莫让"功德无量"成为"羞愧难当"——近期多起大桥垮塌忧思录[J].中国勘察设计,2011(9):34-38.

[11] Okeil A M,El-Tawil S. Warping stresses in curved box girder bridges:case study[J]. Journal of bridge engineering,2004,9(5):487-496.

[12] Nowak A S,Szerszen M M. Calibration of design code for buildings (ACI 318):Part 1-Statistical models for resistance[J]. ACI Structural Journal,2003,100(3):377-382.

[13] 张圆,王惠.桥墩撞击力计算方法研究[J].低温建筑技术,2010(6):84-86.

[14] 王君杰,陈诚,汪宏,等.基于碰撞数值模拟的桥梁等效静力船撞力——基本公式[J].公路交通技术,2009,2:18.

[15] 三峡库区船桥碰撞规律、防撞措施设计与预警系统研究报告简本[R].西部交通建设科技项目,2010.

[16] 陈诚.桥梁设计船撞力及损伤状态仿真研究[D].上海:同济大学,2006.

[17] 罗浩.桥梁船撞效应分析方法及其应用研究[D].武汉:武汉理工大学,2011.

[18] 陈明栋,陈明,陈国虞,等.安庆长江铁路大桥防船撞研究[J].重庆交通大学学报(自然科学版),2009,28(2):203-207.

[19] 郑华兴.金塘大桥安全隐患与防护对策分析[J].中国水运:下半月,2009(8):36-37.

[20] 巫祖烈,李提军,张锡祥,等.重庆嘉陵江黄花园大桥FRP防撞装置试验研究[J].交通世界,2013(11):232-233.

[21] 钟建国.嘉陵江重庆至北碚区段跨江大桥船撞风险分析[D].重庆:重庆交通大学,2009.

[22] 钟建国.渝遂铁路草街嘉陵江大桥船撞风险分析[J].铁道工程学报,2009,26(11):31-34.

[23] 杨德恭,龚国川,刘敏宜.职业潜水员手册[M].北京:海洋出版社,1992.

[24] 沈丹.常压潜水作为一项可选择的技术用于平台检测[J].科技资讯,2013(18):71-72.

[25] 蒋安之,程志虎.第二专题 水下目视检测技术:(二)水下摄影与电视摄像技术[J].无损检测,1998,20(1):20-23.

[26] 程志虎.水下目视检测技术研究[J].中国海洋平台,1993(6):257-263.

[27] 肖新玉,张风林.水下无损检测技术的应用[J].救捞专业委员会2005年学术交流会论文集,2005.

[28] KeyW H. Side scan sonar technology[C]//OCEANS 2000 MTS/IEEE Conference and Exhibition. IEEE,2000, 2:1029-1033.

[29] 张洁. 基于声呐的水下机器人同时定位与地图构建技术研究[D]. 青岛:中国海洋大学,2008.

[30] 聂炳林. 国内外水下检测与监测技术的新进展[J]. 中国海洋平台,2005,20(6):43-45.

[31] 刘和平. 浅水水下机器人设计与控制技术工程研究[D]. 上海:上海大学,2009.

[32] 蒋新松,封锡盛,王棣棠. 水下机器人[M]. 沈阳:辽宁科技出版社,2000.

[33] 李梁琦. 中国研出新概念水下机器人 有助海洋监测[J]. 机器人技术与应用,2006,2:012.

[34] Farbrother H N,Stacey B A,Sutton R. Fuzzy self-organising control of a remotely operated submersible[C]//Control 1991. Control'1. ,International Conference on. IET,1991:499-504.

[35] Yuh J,Lakshmi R. An intelligent control system for remotely operated vehicles[J]. Oceanic Engineering,IEEE Journal of,1993,18(1):55-62.

[36] Trebi-Ollennu A,Stacey B A,White B A. A multivariable decoupling design of an ROV depth control system:a direct adaptive fuzzy SMC approach[C]//American Control Conference,Proceedings of the 1995. IEEE,1995, 5:3244-3248.

[37] Suttiwaree K,Lucas J. Neuromorphic ROV propulsion control based upon model-reference non-linear optimisation[C]//Optimisation in Control:Methods and Applications (Ref. No. 1998/521),IEE Colloquium on. IET, 1998:8/1-8/5.

[38] 殷亮. 基于小波分析和移动质量法的梁式结构损伤识别研究[D]. 武汉:武汉理工大学,2009.

[39] Cawley P,Adams R D. The location of defects in structures from measurements of natural frequencies[J]. The Journal of Strain Analysis for Engineering Design,1979,14(2):49-57.

[40] Stubbs N,Broome T H,Osegueda R. Nondestructive construction error detection in large space structures[J]. AIAA journal,1990,28(1):146-152.

[41] Hearn G,Testa R B. Modal analysis for damage detection in structures[J]. Journal of Structural Engineering, 1991,117(10):3042-3063.

[42] Penny J E T,Wilson D A L,Friswell M I. Damage location in structures using vibration data[C]//PROCEEDINGS-SPIE THE INTERNATIONAL SOCIETY FOR OPTICAL ENGINEERING. SPIE INTERNATIONAL SOCIETY FOR OPTICAL,1993:861-861.

[43] Salawu O S. Deetection of Struetural damage through ehanges infrequency:a review[J]. Engineering Structures, 1997. 19(9):718-723.

[44] 李学平,余志武. 基于动力特性的结构损伤识别方法[J]. 动力学与控制学报,2006,4(1):84-87.

[45] West W M. Illustration of the use of modal assurance criterion to detect structural changes in an orbiter test specimen[C]//International Modal Analysis Conference,4 th,Los Angeles,CA,Proceedings. 1986,1:1-6.

[46] Yuen M M F. A numerical study of the eigenparameters of a damaged cantilever[J]. Journal of sound and vibration,1985,103(3):301-310.

[47] Kirkegaard P H,Rytter A. Use of a neural network for damage detection and location in a steel member[R]. Dept. of Building Technology and Structural Engineering,Aalborg University,1992.

[48] Wu X,Ghaboussi J,Garrett J H. Use of neural networks in detection of structural damage[J]. Computers & Structures,1992,42(4):649-659.

[49] Kaminski P C. The approximate location of damage through the analysis of natural frequencies with artificial neural networks[J]. Proceedings of the Institution of Mechanical Engineers,Part E:Journal of Process Mechanical Engineering,1995,209(2):117-123.

[50] Friswell M I. Damage identification using inverse methods[J]. Philosophical Transactions of the Royal Society

of London A:Mathematical,Physical and Engineering Sciences,2007,365(1851):393-410.

[51] Mares C,Surace C. An application of genetic algorithms to identify damage in elastic structures[J]. Journal of sound and vibration,1996,195(2):195-215.

[52] Koh C G,Chen Y F,Liaw C Y. A hybrid computational strategy for identification of structural parameters[J]. Computers & Structures,2003,81(2):107-117.

[53] Chiang D Y,Lai W Y. Structural damage detection using the simulated evolution method[J]. AIAA journal, 1999,37(10):1331-1333.

[54] Chou J H,Ghaboussi J. Genetic algorithm in structural damage detection[J]. Computers & Structures,2001,79(14):1335-1353.

[55] 纪洪广. 混凝土材料声发射性能研究与应用[M]. 北京:煤炭工业出版社,2004.

[56] Hunt,B. E. Scour monitoring programs for bridge health[C]. Proc. ,6th Int. Bridge Engineering Conf. :Reliability,Security,and Sustainability in Bridge Engineering,Transportation Research Board,Boston,2005,531-536.

[57] Kattell,J. ,and Eriksson,M. Bridge Scour Evaluation:Screening,Analysis,and Countermeasures[J]. Pub. Rep. No. 9877,USDA Forest Service,Washington,D. C,1998.

[58] Lagasse,P. F. ,Richardson,E. V. ,Schall,J. D. ,and Price,G. R. Instrumentation for measuring scour at bridge piers and abutments[R]. National Cooperative Highway Research Program (NCHRP) Report No. 396,Transportation Research Board,Washington,D. C,1997.

[59] 叶见曙. 公路旧桥病害与检查[M]. 北京:人民交通出版社,2012.

[60] 浙江省交通规划设计研究院,浙江省水利河口研究院. 杭州市九堡大桥桥墩局部冲刷试验研究报告[R]. 杭州,2008.

[61] 吴宝杰,杨桦,邢保国. 小波分析在旁孔透射波测桩法中的应用[J]. 工程地球物理学报,2009,6(1):73-77.

[62] 吴宝杰,杨桦. 联合平行地震法和磁法检测预应力混凝土长管桩的长度[J]. 工程质量,2009,(1):27-29.

[63] 杨桦,吴宝杰,潘金炎,等. 用旁孔透射波法检测既有建筑物基桩质量的方法:CN101570974[P]. 2009-11.

[64] Liao S T,Tong J H,Chen C H,et al. Numerical simulation and experimental study of Parallel Seismic test for piles[J]. International Journal of Solids and Structures,2006,43:2279-2298.

[65] Ni SH,Huang YH,Zhou XM,Lo KF. Inclination correction of the parallel seismic test for pile length detection[J]. Computers and Geotechnics,2011,38(2):127-132(Available online in 2010,doi:10. 1 016/j. compgeo. 2010. 10. 002).

[66] 黄大治,陈龙珠. 旁孔透射波法检测水泥搅拌桩的三维有限元分析[J]. 上海交通大学学报,2007,41(6):960-964.

[67] 黄大治,陈龙珠. 旁孔透射波法检测既有建筑物桩基的三维有限元分析[J]. 岩土力学,2008,29(6):1569-1574.

[68] 陈龙珠,赵荣欣. 旁孔透射波法确定桩底深度计算方法评价[J]. 地下空间和工程学报,2010,6(1):157-161,192.

[69] 柴华友,刘明贵,白世伟,等. 应力波在承台—桩系统中传播数值分析[J]. 岩土工程学报,2003,25(5):624-628.

[70] 徐攸在. 用小应变动测法测定码头桩完整性的初步探讨[J]. 港工技术,2001,(4):36-37.

[71] 孙熙平,王元战,徐满意,等. 高桩码头基桩完整性检测技术研究综述[J]. 港工技术,2010,47(2):50-53.

[72] 彭志豪. 高桩码头在役桩基完整性检测方法研究[D]. 天津大学硕士学位论文,2009.

[73] 苗永红,刘松玉,顾建祖. 侧向激振下桩身完整性试验新方法探讨[J]. 世界地震工程,2009,25(4):141-144.

[74] 柴华友,刘明贵,李棋,陈星烨. 应力波在平台—桩系统中传播的实验研究[J]. 岩土力学,2002,23(4):459-464.

[75] 中华人民共和国行业标准. 港口工程桩基动力检测规程(JTJ 249—2001). 北京:人民交通出版社,2001.

[76] 马晔,张理轻,杨宇. 在役桥梁桩基础低应变反射波法试验研究[J]. 世界地震工程,2010,26(s1):216-220.

[77] Deng,L. and Cai,C. S. Bridge Scour:Prediction,Modeling,Monitoring,and Countermeasures-Review[J]. Practice Periodical on Structural Design and Construction (ASCE),2010,15(2),125-134.

[78] Millard,S. G. ,Bungey,J. H. ,Thomas,C. ,Soutsos,M. N. ,Shaw,M. R. ,and Patterson,A. Assessing bridge pier scour by radar[J]. NDT Int. ,1998,31(4),251-258.

[79] Park,I. ,Lee,J. ,and Cho,W. Assessment of bridge scour and riverbed variation by a ground penetrating radar [J]. Proc. ,10th Int. Conf. on Ground Penetrating Radar,GPR 2004,Delft,The Netherlands,2004,411-414.

[80] De Falco,F. ,and Mele,R. The monitoring of bridges for scour by sonar and sediment[J]. NDT Int. ,2002,35(2),117-123.

[81] 周丰年,赵建虎. 苏通大桥主塔墩基础冲刷防护工程监测[J]. 水利水运工程学报,2005(3),26-30.

[82] Yu,X. ,and Yu,X. Algorithm for time domain reflectometry bridge scour measurement system[C]. Proc. ,7th Int. Symp. on Field Measurements in Geomechanics,FMGM 2007,Boston,2007,1-10.

[83] Yu,X. ,and Zabilansky,L. J. Time domain reflectometry for automatic bridge scour monitoring[J]. Geotechnical Special Publication,2006,149,152-159.

[84] Yankielun,N. E. ,and Zabilansky,L. Laboratory investigation of time-domain reflectometry system for monitoring bridge scour[J]. J. Hydraul. Eng. ,1999,125(12),1279-1284.

[85] Lu,J. -Y. ,Hong,J. -H. ,Su,C. -C. ,Wang,C. -Y. ,and Lai,J. -S. Field measurements and simulation of bridge scour depth variation during floods[J]. J. Hydraul. Eng. ,2008,134(6),810-821.

[86] Zarrati,A. R. ,Nazahira,M. ,and Mashahir,M. B. Reduction of local scour in the vicinity of bridge pier groups using collars and riprap[J]. J. Hydraul. Eng. ,2006,132(2),154-162.

[87] Lin,Y. B. ,Lai,J. S. ,Chang,K. C. ,and Li,L. S. Flood scour monitoring system using fiber Bragg grating sensors[J]. Smart Materials and Structures,2006(15),1950-1959.

[88] Deng,L. ,and Cai,C. S. Applications of fiber optic sensors in civil engineering[J]. Struct. Eng. Mech. ,2007,25(5),577-596.

[89] 李爱群,周广东. 光纤 Bragg 光栅传感器测试技术研究进展与展望(Ⅰ):应变、温度测试[J]. 东南大学学报(自然科学版),2009,39(6),1298-1306.

[90] 李爱群,周广东. 光纤 Bragg 光栅传感器测试技术研究进展与展望(II):位移、加速度、索力、钢筋锈蚀、裂缝测试[J]. 东南大学学报(自然科学版),2009,39(6),1307-1313.

[91] Xiong,W. ,Cai,C. S. ,and Kong,X. Instrumentation Design for Bridge Scour Monitoring Using Fiber Bragg Grating Sensors[J]. Applied Optics,2012,51(5),547-557.

[92] Umbrell,E. R. ,Young,G. K. ,Stein,S. M. ,and Jones,J. S. Clear-water contraction scour under bridges in pressure flow[J]. J. Hydraul. Eng. ,1998,124(2),236-240.

[93] Chiew,Y. M. Local scour and riprap stability at bridge piers in a degrading channel[J]. J. Hydraul. Eng. ,2004,130(3),218-226.

[94] 曲立清,周益人,杨进先. 波流共同作用下大型桥墩周围局部冲刷实验研究[J]. 水运工程,2006,387

(4),23-27.

[95] Sheppard, D. M., and William, M., Jr. Live-bed local pier scour experiments[J]. J. Hydraul. Eng., 2006, 132(7), 635-642.

[96] 王佳飞,张景新,刘桦. 潮流条件下单桩冲刷形态的实验研究[J]. 力学季刊,2011,32(4),547-555.

[97] Melville, B. W., and Sutherland, A. J. Design method for local scour at bridge piers[J]. J. Hydraul. Eng., 1998, 114(10), 1210-1226.

[98] Federal Highway Administration. Evaluating scour at bridges[R]. Hydraulic Engineering Circular No. 18, Rep. No. FHWA-IP-90-017, Federal Highway Administration _FHWA_, U. S. Department of Transportation, Washington, D. C, 1993.

[99] Richardson, J. R., and Richardson, E. V. Practical method for scour prediction at bridge piers." Proc., ASCE National Conf. on Hydraulic Engineering, Buffalo, N. Y., 1994, 1-5.

[100] Lim, S. -Y. Equilibrium clear-water scour around an abutment[J]. J. Hydraul. Eng., 1997, 123(3), 237-243.

[101] Heza, Y. B. M., Soliman, A. M., and Saleh, S. A. Prediction of the scour hole geometry around exposed bridge circular-pile foundation[J]. J. Eng. Appl. Sci., 2007, 54(4), 375-392.

[102] Johnson, P. A., and Ayyub, B. M. Modelling uncertainty in prediction of pier scour[J]. J. Hydraul. Eng., 1996, 122(2), 66-72.

[103] Melville, B. W. Pier and abutment scour-integrated approach[J]. J. Hydraul. Eng., 1997, 123(2), 125-136.

[104] Ataie-Ashtiani, B., and Beheshti, A. A. Experimental investigation of clear-water local scour at pile groups[J]. J. Hydraul. Eng., 2006, 132(10), 1100-1104.

[105] Benedict, S. T., Deshpande, N., and Aziz, N. M. Evaluation of abutment scour prediction equations with field data[J]. Transp. Res. Rec., 2007, 2025, 118-126.

[106] 姚锦宝,夏禾,战家旺. 铁路桥梁基础受冲刷对桥墩自振特性的影响分析[J]. 中国铁道科学,2010,31(1),44-48.

[107] Pagliara, S. and Carnacina, I. Influence of large woody debris on sediment scour at bridge piers[J]. International Journal of Sediment Research, 2011, 26(2), 121-136.

[108] 史英标,李志永. 河口河床长历时演变模拟方法探讨[J]. 泥沙研究,2006,(3),40-46.

[109] 郭辉,齐梅兰. 跨河桥梁压缩冲刷数值模拟研究[J]. 中国铁道科学,2011,32(5),43-49.

[110] 童天乐,史英标,鲁海燕,等. 钱塘江河口过江隧道河段最大冲刷深度的数值模拟[J]. 中国农村水利水电,2008,(7),56-60.

[111] Kassem, A., Salaheldin, T. M., Imran, J., and Chaudhry, M. H. Numerical modeling of scour around artificial rock island of Cooper River bridge[J]. Transp. Res. Rec., 2003, 1851, 45-50.

[112] 凌建明,林小平,赵鸿铎. 圆柱形桥墩附近三维流场及河床局部冲刷分析[J]. 同济大学学报(自然科学版),2007,35(5),582-586.

[113] Zhang, H., Nakagawab, H., Kawaike, K., and Baba, Y. Experiment and simulation of turbulent flow in local scour around a spur dyke[J]. International Journal of Sediment Research, 2009, 24(1), 33-45.

[114] 祝志文,刘震卿. 圆柱形桥墩周围局部冲刷的三维数值模拟[J]. 中国公路学报,2011,24(2),42-48.

[115] Khosronejad, A., Kang, S., and Sotiropoulos, F. Experimental and computational investigation of local scour around bridge piers[J]. Advances in Water Resources, 2012, 37(3), 73-85.

[116] Cawley, P. and Adams, R. D. The location of defects in structures from measurements of natural frequencies[J]. Journal of Strain Analysis, 1979, 4(2), 49-57.

[117] Salawu, O. S. Detection of structural damage through changes in frequency: A review[J]. Engineering Structures, 1997, 19(9), 718-723.

[118] Stubbs, N. and Osegueda, R. Global nondestructive damage evaluation in solids[J]. The International Journal of Analytical and Experimental Modal Analysis, 1990, 5(2), 67-79.

[119] 钟军军,懂聪,夏开全. 基于频率及阵型参数的结构损伤及识别方法[J]. 华中科技大学学报(城市科学版), 2009, 26(4), 1-4.

[120] 韩东颖,时培明. 基于频率和当量损伤系数的井架钢结构损伤识别[J]. 工程力学, 2011, 28(9), 109-114.

[121] 田玉滨,闫维明,高振闯,等. 基于自振频率的悬臂梁损伤识别方法[J]. 结构工程师, 2011, 27(增刊), 300-305.

[122] Allemang, R. J. and Brown, D. L. A correlation coefficient for modal vector analysis[C]. Proceedings of the 1st International Modal Analysis Conference, Orlando, 1982: 110-116.

[123] West, W. M. Illustration of the use of modal assurance criterion to detect structural changes in an orbiter test specimen[C]. Proceedings of Air Force Conference on Aircraft Structural Integrity, Los Angeles, 1984, 1-6.

[124] Lieven, N. A. J. and Ewins, D. J. Spatial correlation of mode shapes, the coordinate modal assurance criterion (COMAC) [C]. Proceedings of the 6th International Modal Analysis Conference, Florida, 1988, (1), 690-695.

[125] Huth, O., Feltrin, G., Maeck, J., Kilic, N., and Motavalli, M. Damage identification using modal data: experiences on a prestressed concrete bridge[J]. Journal of Structural Engineering, ASCE, 2005, 131(12), 1898-1910.

[126] Alvandi, A. and Cremona, C. Assessment of vibration-based damage identification techniques[J]. Journal of Sound and Vibration, 2005, 292(1/2), 179-202.

[127] 李德葆,陆秋海,秦权. 承弯结构的曲率模态分析[J]. 清华大学学报(自然科学版), 2002, 42(2), 224-227.

[128] Pandey, A. K., Biswas, M., and Samman, M. M. Damage detection from changes in curvature mode shapes [J]. Journal of Sound and Vibration, 1991, 145(2), 321-332.

[129] Maeck, J. and De Roeck, G. Dynamic bending and torsion stiffness derivation from modal curvatures and torsion rates[J]. Journal of Sound and Vibration, 1999, 225(1), 153-170.

[130] Maeck, J. and De Roeck, G. Damage assessment using vibration analysis on the Z24-bridge[J]. Mechanical Systems and Signal Processing, 2003, 17(1), 133-142.

[131] Sain, T. and Kishen, J. M. C. Damage assessment in beams using inverse methods[J]. Journal of Engineering Mechanics, 2006, 132(4), 337-344.

[132] 郭杏林,高海洋,王盛辉. 一种基于频率响应曲率的损伤检测多步判定方法[J]. 工程力学, 2012, 29(7), 56-62.

[133] 杨志,王建中,范红霞,等. 三维全景成像声呐系统在水下细部结构检测中的应用[J]. 水电能源科学, 2015, 33(6), 59-62.

[134] 中华人民共和国国家标准. 岩土工程勘察规范(2009 修订版): GB 50021—2001[S]. 北京:中国建筑工业出版社, 2009.

[135] 中国工程建设协会标准. 公路桥梁水下构件检测技术规程(T/CECS G: J56—2019). 北京:人民交通出版社股份有限公司, 2019.

[136] 舒国明. 桥涵水力水文[M]. 北京:人民交通出版社, 2009.

[137] 杨斌,等. 桥涵水力水文[M]. 北京:西南交通大学出版社, 2012.

[138] 中华人民共和国行业标准. 公路钢筋混凝土及预应力混凝土桥涵设计规范(JTG 3362—2018). 北京:人民交通出版社股份有限公司, 2018.

[139] 中华人民共和国行业标准.公路桥涵设计通用规范:JTG D60—2015[S].北京:人民交通出版社股份有限公司,2015.
[140] 中华人民共和国行业标准.公路养护技术规范:JTG H10—2009[S].北京:人民交通出版社,2009.
[141] 中华人民共和国行业标准.公路桥涵养护规范:JTG H11—2004[S].北京:人民交通出版社,2004.

索　引